Bin ich dann mal weg?

Axel Schlote

Bin ich dann mal weg?

Philosophische Einwände gegen die Angst vor dem Tod

PARODOS

Bibliografische Information der Deutschen Bibliothek
Die Deutsche Bibliothek verzeichnet diese Publikation in der Deutschen Nationalbibliografie; detaillierte bibliografische Daten sind im Internet über http://dnb.ddb.de abrufbar.

Druck: Print Group Sp. z o.o., Stettin

Illustrationen: Gina Schlote

Printed in EU

ISBN: 978-3-96824-022-0

https://parodos.de

Inhalt

Von Laie zu Laie

Das Nachdenken über den Tod ähnelt im ersten Moment der Steuererklärung: Es läßt sich nie ganz vermeiden, auch durch angestrengtes Verdrängen nicht. Angesichts der Steuererklärung sterben manche dann tausend Tode – und doch wieder keinen. Denn gegenüber dem Nachdenken über den Tod hat die Steuererklärung doch Vorzüge: Es gibt Ausfüllhilfen, Berater, wenn man sich einen leisten kann, und vor allem kann man aus Erfahrung lernen. Diese Vorzüge hat das Nachdenken über den Tod nicht. Das Nachdenken selbst kann man natürlich üben, jedoch entzieht sich dieser einzigartige Gegenstand des Nachdenkens empirischer Erkenntnis oder gar ihrer Überprüfung. Erfahren können wir nur das Leben, das von der Angst vor dem Tod verdunkelt wird. Es geht hier um die Angst vor dem Tod, die wir nur im Leben haben können.

Das Nachdenken über den Tod bleibt, so gewiß man seiner eigenen Überzeugung sein mag, Spekulation, auch im Sinne einer philosophischen Bedeutung dieses Wortes. Der große Aufklärer Immanuel Kant unterschied die spekulative Methode streng von der empirischen oder Naturerkenntnis. *„Eine theoretische Erkenntnis ist spekulativ, wenn sie auf einen Gegenstand, oder solche Begriffe von einem Gegenstande, geht, wozu man in keiner Erfahrung gelangen kann."* (Immanuel Kant) Im Gegensatz zur spekulativen Erkenntnis ist die Naturerkenntnis auf Dinge oder deren Eigenschaften gerichtet, die nur durch Erfahrung mit Hilfe der sinnlichen Wahrnehmung zugänglich sind.

Anders gesagt: Wäre ich Platon, Kant und Schopenhauer in einer Person, ich bliebe doch ein Laie, weil ich das, worüber wir nachdenken wollen, gar nicht aus eigener Anschauung kenne. Ich kann es nicht kennen, weil unsere vertraute Sinnlichkeit, durch welche alleine wir empirische Erkenntnis gewinnen, mit dem Leben endet. Wir schließen empirische Erkenntnis aus unseren Überlegungen natürlich nicht aus, sofern sie in Beziehung steht zum Nachdenken über den Tod. Allerdings ist auch die empirische Erkenntnis, anders als die meisten Menschen glauben, alles andere als gewiß, worauf wir bald noch zu sprechen kommen.

In dieser kleinen Schrift schreibt also ein Laie an Laien. Gleichwohl gibt es natürlich Experten, Milliarden sogar, doch die bleiben auf ewig in ihren Gräbern verschwiegen. Die Anzahl aller Menschen, die jemals auf diesem Planeten gelebt, geatmet, gearbeitet, geernet und gejagt, gegessen und getrunken, geliebt, gezeugt, geboren, sich vergnügt und gelitten haben und schließlich gestorben sind, wird auf etwas mehr als 100 Milliarden geschätzt. Nur können wir sie nicht mehr fragen, die einzigen Experten schweigen für immer. Und die acht Milliarden Lebenden sind Laien so wie Sie und ich. Dieses ist ein unauflösliches Dilemma bei allem Nachdenken darüber, was der Tod ist und was uns an ihm ängstigt, solange wir leben. Sicher ist nur, daß diese vielen Milliarden Experten es geschafft, das Leben und mit ihm auch die Angst vor dem Tod überwunden haben, auch für immer.

Ich will mich mit dieser kleinen Vorrede also gleich von einer möglichen Erwartung entlasten: Als lebendiger Mensch bin ich kein Experte des Todes, ich habe keine Erfahrung mit ihm. Erfahrung habe ich mit dem Sterben von Anderen, ja, auch mit ihrem Tod, ihrem Nichtsein, Nicht-mehr-sein. Auch mit der Angst vor dem Tod, mehr als genug und mir lieb war. Nur selbst weiß ich aus eigener Anschauung nichts über den Tod, und ich weiß von niemandem unter allen lebendigen Zeitgenossen, der mir dieses Wissen voraushaben könnte. Es gibt nur ein ganz, ganz schmales Feld empirischer Erkenntnis, das uns wenigstens einen kurzen, flüchtigen und verschwommenen Blick hinter die Kulisse des Lebens werfen läßt, ein erstes Herantasten an den Tod; dazu mehr gegen Ende dieses Buches.

*

Kein Lebender kann aufrichtig behaupten, er kenne den Tod. Und doch ist er uns nicht unbekannt, denn wir begegnen dem Tod auf zweierlei Weisen. Zunächst einmal erleben wir den Tod anderer Lebewesen, den Tod von Menschen oder Tieren, und wir empfinden diese Begegnung als Verlust, wenn wir die Wesen geliebt haben. Dabei stößt der Verstand an eine natürliche Grenze seines Fassungsvermögens, da unser Verstand die Dinge, die er mit den Sinnen nicht wahrnehmen kann, auch nicht begreifen kann. Dann tritt die Vernunft auf den Plan, doch auch sie kennt für das, was wir Endgültigkeit oder Unwiderruflichkeit nennen, bloß abstrakte Begriffe. Der Mensch, als endliche Erscheinung, hat keine Vorstellung von dem, was er dabei denkt, da ihm hierzu die Möglichkeit sinnlicher Erfahrung fehlt.

Den Schmerz aufgrund solcher Verluste kann allein der Lauf der Zeit relativieren. Die nächste Erfahrung folgt, wie banal sie auch sein mag, dann folgen noch eine, wieder eine und dann viele weitere Erfahrungen; und erst dadurch verliert der Schmerz schließlich sukzessive an Bedeutung für das Bewußtsein, bis die Trauer um einen Toten letztendlich von der Erinnerung an die Trauer verdrängt wird. Von diesem tröstlichen Verlauf ausgenommen ist allerdings der Schmerz nach dem Tod eines Menschen, mit dem uns nicht bloß ein beliebiger Umgang oder gemeinsame Absichten verbunden haben, sondern eine seltene, tiefe innere Beziehung, in der unser Leiden durch wechselseitige Liebe mit dem Anderen geteilt wurde. Bei solchen Ausnahmen endet unsere Trauer erst mit unserem eigenen Tod.

Diese kaum zu ertragende Trauer antizipierend, beziehen wir innig geliebte Menschen in unsere Angst vor dem Tod mit ein, da wir in diesen wenigen Fällen nicht mehr nur Angst vor unserem eigenen Tod haben, sondern auch den endgültigen Verlust dieser Wesen fürchten. Sollte ich in meiner letzten Stunde befragt werden, ob ich etwas bereue, dann lautet die Antwort: Ja. Ja, ich bereue sehr viel. Tatsächlich bereue ich jede Sekunde, in der meine Frau nicht zugegen war; denn seit ich sie kenne, bin ich nicht mehr alleine. Diese seltene Erfahrung ist die Ausnahme von aller Regel. Echte, wechselseitige Liebe ist die Kraft gegen Leiden, Haß und Egoismus, denn sie ist selbstlos und leidet mit. Diese seltene Liebe lindert unsere Einsamkeit, mit der wir als Grundbedingung unserer Existenz in die Welt treten. Ähnlich selten wie solche Liebe ist die echte Freundschaft, die tatsächlich nichts anderes als Liebe, nur ohne die Intimität ist. Beide, innige Liebe und aufrichtige Freundschaft, multiplizieren unsere Angst vor dem Tod mit der Anzahl derer, die wir als Teil von uns selbst betrachten.

Durch den Tod anderer Wesen erkennen wir den Tod also, indem wir ihn beobachten. Daraus leitet sich auch die andere Weise ab, auf der wir dem Tod begegnen, indem wir solche Erfahrung auf uns selbst übertragen und Einsicht in unsere eigene Sterblichkeit gewinnen. Um uns herum bestaunen wir den ewigen Kreislauf von Werden und Vergehen, erkennen uns selbst als Teil dieses Kreislaufs und schließen daraus auf die Endlichkeit unseres eigenen Lebens. Solches Wissen über die Endlichkeit ist nur abgeleitet und abstrakt, tatsächlich auch nicht gewiß im philosophischen Sinne, gleichwohl ist dieses Wissen empirisch fundiert und unbestreitbar.

*

Man muß der Redlichkeit wegen eingestehen: Die Angst vor dem Tod hat auch etwas Anmaßendes, sich selbst Überschätzendes. Niemand trauert um ein Staubkorn, weil es bedeutungslos ist, aber wir trauern vorbeugend unserer Existenz nach für die Jahrmilliarden und mehr Jahre, in denen wir nicht mehr sein werden. Doch welche Bedeutung maßen wir uns damit an, als Gattung und erst recht als einzelne Wesen? Welche Bedeutung hat etwas, das wir heute tun, nicht in 10 Jahren, sondern in 100 oder gar in 1.000 Jahren, geschweige denn in 10.000 oder gar 1 Million Jahren? So gut wie alles, was wir tun, ist ohne jeden Belang außerhalb der sehr schmalen Spanne Zeit, in der wir handeln und wirken, und die Bilanz wird kaum besser, wenn wir die Summe aller unserer Taten betrachten. Etwas anderes sind schon Worte oder Melodien, die ihrem Wesen nach zeitlos sind. Zwar sind auch die meisten Texte oder Kompositionen bedeutungslos, doch eine besonders schöne Melodie, ein genialer Gedanke und auch mal eine seltene Perle tiefgründiger Erkenntnis überleben ihre Erzeuger. Aber dennoch, auch wenn Worte oder Melodien länger überdauern und wirken als Taten, bleibt der Unterschied am Ende bloß graduell, wenn wir sie ins Verhältnis setzen zum Alter des Universums. Das Alter der Welt ist etwas Erhabenes: „*Erhaben ist das, mit welchem in Vergleichung alles andere klein ist.*" (Immanuel Kant) Im Verhältnis zum Alter der Welt und zur unermeßlichen Größe des Universums schrumpft jedes menschliche Wesen annähernd zur Nichtigkeit und staunt über etwas, dessen Erhabenheit wir zwar gerade noch abstrakt denken, dabei allerdings mit keinem Zollstock unserer Sinne adäquat ermessen können. „*Erhaben ist also die Natur in derjenigen ihrer Erscheinungen, deren Anschauung die Idee ihrer Unendlichkeit bei sich führt.*" (Immanuel Kant)

Diese Erkenntnis hat durchaus bereits etwas Tröstliches. Am Alter und an der Größe des Universums relativiert sich alles, was uns bedrohlich erscheint und Angst einjagt, was uns Freude macht oder Respekt abnötigt. Auf einen Schlag erschließt sich die eigene Nichtigkeit dem, der sich anschaulich vorstellt, welche Dimension das Leben eines Menschen im Universum hat. Begründete Schätzungen gehen davon aus, daß das Universum etwa 13 bis 14 Milliarden Jahre alt ist, unser Planet Erde darin hat ein Alter von rund 4,6 Milliarden Jahren. Annähernd ähnlich so lange, nämlich etwa 5 Milliarden Jahre, wird es noch einmal dauern, bis die Erde in die Sonne stürzen wird und untergeht. Solche unfaßbaren Zeitspannen übersteigen das Vorstellungsvermögen jedes

Menschen, dem im Durchschnitt nur 70 bis 80 Jahre auf der Erde bleiben, und selbst in seltenen Einzelfällen wenig mehr als 100 Jahre, wenn jemand überdurchschnittlich alt wird. Innerhalb dieser kurzen Periode kann ein Mensch kosmologische Zeiten im besten Fall abstrakt berechnen, er wird jedoch niemals einen sinnlichen Bezug zu diesen Äonen entwickeln.

Eine kleine Analogie macht die relative Bedeutungslosigkeit eines menschlichen Lebens aber wenigstens im Ansatz greifbar: Wenn wir einmal das Alter der Erde von etwa 4,6 Milliarden Jahren mit der Laufzeit eines Kalenderjahres von 365 Tagen gleichsetzen, dann hätte das Leben eines Menschen darin eine Dauer von – ungefähr einer halben Sekunde. Das ist kaum mehr als ein Wimpernschlag. Selbst wenn wir 10.000 Jahre Kulturgeschichte der zivilisierten Menschheit ins Verhältnis setzen, dann entsprechen diese nur noch knapp 70 Sekunden, also etwas mehr als eine Minute – innerhalb eines Jahres.

Solche Berechnungen kann jeder anstellen, das ist keine große Leistung. Und die Ergebnisse enthüllen keine geheimen Fakten, sondern sie setzen lediglich bekannte Tatsachen in ein neues Verhältnis. Allerdings schrecken viele vor solchen Vergleichen zurück, obwohl sie bloß einige mathematische Grundkenntnisse verlangen. Solche simplen Rechenoperationen offenbaren nämlich gleich mehr, als jeder noch so große Datenfriedhof es könnte. Die Einsichten sind jedoch ernüchternd, unbequem. Der römische Philosoph Seneca bemerkte in einem seiner Briefe so treffend: *„Stelle dir die Unendlichkeit der unergründlichen Zeit vor und umfasse das Ganze, sodann vergleiche das sogenannte menschliche Lebensalter mit dieser Unendlichkeit, so wirst du sehen, wie verschwindend klein das ist, was wir wünschen, was wir in die Länge ziehen. Und wieviel davon wird von Tränen, wieviel von Kümmernissen ausgefüllt!“* (Seneca)

Die anschauliche Vorstellung, die wir aus solchen Vergleichen gewinnen, ist nicht die entscheidende Erkenntnis; die Schlußfolgerung daraus ist das Radikale: Die Bedeutsamkeit jedes Menschen, seiner Taten und Werke im Leben, überhaupt alles Irdischen, ist relativ. Das Leben jedes Menschen ist bedeutungslos für seine Gattung, die Existenz unserer Gattung ist ohne Belang für die Erde, und selbst die Erde hat keine Bedeutung für das Universum. *„Der erstere Anblick einer zahllosen Weltenmenge vernichtet gleichsam meine Wichtigkeit, als eines tierischen*

Geschöpfs, das die Materie, daraus es ward, dem Planeten (einem bloßen Punkt im Weltall) wieder zurückgeben muß, nachdem es eine kurze Zeit (man weiß nicht wie) mit Lebenskraft versehen gewesen." (Immanuel Kant) Wenn ein menschliches Leben überhaupt eine Bedeutung hat, dann hat es diese nur in sich und für sich.

Die Relativität unserer Bedeutsamkeit ist ein gutes Heilmittel gegen jede Selbstüberhöhung. Und wer sich seiner Nichtigkeit bewußt wird, hat hieran auch schon einen ersten Einwand gegen seine Angst vor dem Tod. Denn diese Einsicht zermalmt jede Illusion, daß einen Schöpfergott unser individuelles Schicksal auch nur annähernd mehr erregen könnte, als uns selbst der Todeskampf einer Amöbe berührt. Da nun aber selbst die Vernichtung der Erde belanglos für das Universum ist, so muß uns auch in einem anderen Licht erscheinen, was uns zumeist in helle Aufregung versetzt: Ärger, Wut und Sorgen, Freude und Begeisterung, Traurigkeit und Verluste. Wie belanglos ist doch unser größtes Unglück! Wie vergänglich und bedeutungslos ist die Freude! Auf diese Weise erhält die Einsicht in die Relativität der Bedeutsamkeit alles Menschlichen eine Bedeutung – für alle, die sie gewonnen haben. Dieser Einsicht verdanken wir die ersehnte Ruhe des Gemüts, da sie uns nur noch müde und achselzuckend hinnehmen läßt, was uns bedrückt oder verführen will.

Dennoch haben wir Angst vor dem Tod, da wir der Illusion der Selbstüberschätzung gerne erliegen. Auch wenn wir als Einzelne bedeutungslos für das Universum sind, so tröstet uns das nicht unbedingt über die Angst vor dem Tod hinweg. Wir sind uns selbst wichtig und bedeutend genug, daß wir um unsere Existenz fürchten. Und nicht immer ist das, was uns, unsere Existenz, antreibt und beständig erneuert, dieser innere Trieb, durch Vernunft zu besänftigen.

*

Mit unserer Zeugung ist unser Todesurteil schon gesprochen, wir warten auf das unvermeidliche Ende in dem Todestrakt, den wir Leben nennen. Aber was wird sein, wenn ich sterbe? Geht die Welt dann unter? Geht sie für mich alleine unter? Oder gehe nur ich für die Welt unter? Unser verehrter Dichterfürst Johann Wolfgang von Goethe hatte eine feste Einstellung zum Tod: „*Wenn einer fünfundsiebzig Jahre alt ist, kann es nicht fehlen, daß er mitunter an den Tod denke. Mich läßt dieser*

Gedanke in völliger Ruhe, denn ich habe die feste Überzeugung, daß unser Geist ein Wesen ist ganz unzerstörbarer Natur, es ist ein fortwirkendes von Ewigkeit zu Ewigkeit, es ist der Sonne ähnlich, die bloß unsern irdischen Augen unterzugehen scheint, die aber eigentlich nie untergeht, sondern unaufhörlich fortleuchtet." (Johann Wolfgang von Goethe) Solche tief empfundene Gelassenheit ist beneidenswert, aber wodurch hatte Goethe diese Gewißheit? Er äußerte diese Sätze im Mai 1824. Zu dieser Zeit kannte er bereits das Hauptwerk von Arthur Schopenhauer über „*Die Welt als Wille und Vorstellung*". Schopenhauer hatte darin bereits Ähnliches über die ewige Dauer unseres Wesens geschrieben, worauf wir später noch ausführlich stoßen werden. Wir wissen nicht, ob Goethes Einstellung durch Schopenhauer beeinflußt war. Ganz sicher war Goethe selbst ein philosophischer Geist, und ebenso hatte er große Philosophen studiert.

Wir werden im Laufe dieses Büchleins auf die guten Argumente stoßen, die für Goethes Auffassung sprechen. Dabei werde ich aus den philosophischen Einsichten großer Geister schöpfen und, in aller Bescheidenheit, auch aus eigenen Erkenntnissen. Was aber kann überhaupt die Philosophie, was kann ein Philosoph, zu unseren Fragen beitragen? Was qualifiziert die Philosophie, sich zu äußern? Nun, vor allem dies, daß die Philosophie wie wohl kaum eine andere Disziplin den Tod zum Gegenstand ihrer Erörterungen hat. Mehr noch, das Faktum des Todes ist gewissermaßen die Startrampe der Philosophie. „*Schwerlich sogar würde, auch ohne den Tod, philosophirt werden.*" (Arthur Schopenhauer) Die Philosophie ist vor allem ein Bedürfnis unserer Vernunft, allen Rätseln dieser Welt nachzuspüren und ihnen auf den Grund zu gehen. Kant stellte der Philosophie vier elementare Fragen. Eine dieser Fragen, die für das Selbstverständnis der Menschen wohl wichtigste, lautete: „*ob es irgendwo und vielleicht in meinem denkenden Selbst eine unteilbare und unzerstörliche Einheit, oder nichts als das Teilbare und Vergängliche gebe*" (Immanuel Kant).

Die Einschüchterung durch den Tod treibt zum Philosophieren, nicht nur über das Leben, sondern eben auch über die beiden Ewigkeiten davor und danach: „*Hingegen ist die hieraus entspringende philosophische Verwunderung im Einzelnen durch höhere Entwicklung der Intelligenz bedingt, überhaupt jedoch nicht durch diese allein; sondern ohne Zweifel ist es das Wissen um den Tod, und neben diesem die Betrachtung des Leidens und der Noth des Lebens, was den stärksten Anstoß zum philosophischen Besinnen und zu metaphysischen Auslegungen der Welt giebt. Wenn unser Leben endlos und schmerzlos wäre, würde es vielleicht doch Keinem einfallen zu fragen, warum die Welt dasei und gerade diese Beschaffenheit habe; sondern eben auch sich Alles von selbst verstehen."* (Arthur Schopenhauer) Die Philosophie erlöst uns weder vom Leben noch vom Tod, doch sie lindert das Leiden am Leben, indem sie es erklärt, und auch die Angst vor dem Tod, soweit sie ihn verstehen kann. Dabei ist Seelentrost zwar nicht der Auftrag der Philosophie, den sie vorsätzlich auch gar nicht erfüllen könnte. *„Die Philosophie (…) wird seyn eine vollständige Wiederholung, gleichsam Abspiegelung der Welt in abstrakten Begriffen"* (Arthur Schopenhauer). Doch solche Erkenntnisse haben segensreiche Nebenwirkungen: Verstehen hilft ertragen.

Die Naturwissenschaften haben inzwischen eine vor Jahrhunderten nie erahnte Menge an Daten zur Erklärung der physischen Erscheinungswelt geliefert. Kein Atom, kein Ding, Pflanze oder Lebewesen, auch kein Ablauf in der entlegensten Gegend des Universums ist noch sicher vor ihrer Forschungswut, auch nicht auf fremden Planeten. Exkursionen, Laborstudien und ein ausufernder Untersuchungs-, Kontroll-, Vergleichs- und Erfassungsdrang haben unermeßliche Massen an Daten aufgehäuft – mit dem zweifelhaften Ergebnis, daß das Wissen von den Dingen und Veränderungen auf der Erde und im Universum noch nie so zersplittert und komplex war, wie es heute ist. Außerdem ist für die Naturwissenschaften an der erkennbaren und erforschbaren Außenfläche der Erscheinungen Schluß mit der Erklärung, auch wenn sie bereits bei den Atomen und sogar Elementarteilchen angelangt sind. Auf diese Weise versinkt paradoxerweise mit dem unaufhaltsam wachsenden Wissen das grundlegende Verständnis der Welt im Dunkeln, eben jene Einsichten, die die Weisen des Altertums den Datenjägern der Moderne voraushatten. Ohne das Wesen der Welt zu verstehen, bleibt jeder Wissenschaftler am Ende blind, wenn er versucht, den Schleier von den Erscheinungen wegzureißen. Die Physik und ihre Ableger können allezeit bloß belegen, daß das Wasser die Blumen näßt, wenn der Gärtner mit seiner Kanne gießt. Doch was das Wasser fallen, was den Gärtner gießen läßt, das kann uns kein Naturwissenschaftler erklären. Dazu brauchen wir einen Blick hinter den Vorhang der Erscheinungen. Daher bleibt die Philosophie die unentbehrliche *„Mutter der Einzelwissenschaften"* (Seneca).

Fairerweise müssen wir zugestehen, daß nicht alle Naturwissenschaften blind geblieben sind. In den vergangenen hundert Jahren ist auf den Feldern der Naturwissenschaften eine neue Denkrichtung erblüht, die Quantentheorie. Sie hat die tiefen Gräben zur Philosophie überbrückt bis hin zu den Weisheiten des Altertums. Die Quantentheorie beschäftigt sich mit den kleinsten Elementen auf der subatomaren Ebene, die sich als Teil der empirischen Wirklichkeit dennoch nicht mit unseren Sinnen wahrnehmen lassen. Diese kleinsten Elemente sind nach Ansicht der Quantentheorie nicht entweder eine Welle oder ein Teilchen, sondern sie sind beides zur gleichen Zeit. Die Materie hat das Potential, beides zu sein. Ob etwas nun das eine oder das andere ist, hängt nach Auffassung der Quantentheorie von den Umständen ab, zum Beispiel davon, daß es beobachtet wird. Die empirische Realität, also das, was wir sinnlich als Erscheinung vorstellen, entsteht erst, indem wir die Dinge anschauen. Alle Elemente haben eine Beziehung zueinander, auch ohne räumlich verbunden zu sein. Alles berührt demnach einander jederzeit auf eine raumlose Weise; auch ohne eine physische Verbindung können Körper Einfluß nehmen auf andere Körper. Die Quantentheorie ist eine verspätete, überraschende Anerkennung der idealistischen Philosophie, die wir gleich vorstellen werden, und man darf vermuten, daß die Quantentheorie nicht ohne Einfluß der Philosophie überhaupt entwickelt worden ist.

Die Philosophie hat das Mysterium des Todes tief erforscht, doch solange die Experten zu unserem Thema nur tot und die Lebenden keine Experten sein können, bleibt auch für die Philosophie stets eine Grenze, an die sie irgendwann stoßen muß und hinter der ein Rest an Ungewißheit im Dunklen bleibt. Die Religion kann sich durch Glauben darüber hinwegsetzen, aber der Glaube ist eben auch bloß ein Freifahrschein für alles, wie absurd es sein mag. Die Annahme, es gebe ein Leben nach dem Tod, wo vor der Geburt nichts war, ist so ein absurder Glaube, denn sie bedeutet, es könnte sich etwas aus nichts erschaffen lassen, das dann eine Ewigkeit fortexistiert. Dies nun ist zwar gewiß nicht möglich, doch der Glaube überwindet hier sogar die Gewißheit so leicht wie er alle Ungewißheiten ignorieren kann. Vielleicht beruhigt der Glaube durch Selbsttäuschung, klüger macht er nicht. Im Gegensatz zur Religion kann die Philosophie, die redlich sein muß, weil sie sonst keine Philosophie wäre, ja muß die Philosophie sogar zu jeder Ungewißheit stehen. Zwar viele, doch tatsächlich nicht alle Wahrheiten lassen sich ergründen. Sokrates, Lehrer des griechischen Philosophen

Platon, hat uns gelehrt, den Rätseln dieser Welt mit Demut zu begegnen und kein halbseidenes Scheinwissen zu verbreiten. *„Denn es ist ein Dünkel, etwas zu wissen, was man nicht weiß."* (Sokrates, nach Platon) Die Philosophie ist, wörtlich übersetzt, die Liebe zur Weisheit, und zur Weisheit gehört, nicht vorzugeben, alles zu wissen, sondern das Wissen und das Erklärbare vom Nichtwissen und vom Nichterklärbaren zu unterscheiden. Echte Weisheit verlangt also den Mut, bescheiden zu sein. Das bedeutet aber keinesfalls, vor jeder Anstrengung gleich zu kapitulieren, wenn eine Aufgabe den Schritt über die Grenzen der empirischen Erfahrung nötig macht.

*

Noch eine Klarstellung, was Sie von diesem Buch nicht erwarten dürfen. Dieses Buch handelt von der Angst vor dem Tod und von dem Tod selbst, wir verhandeln hier nicht die Angst vor dem Sterben. Natürlich spielt die Angst vor dem Tod eine Rolle, wenn ein Sterbender mit der Unausweichlichkeit des Todes immer noch nicht im Reinen ist; insofern können alle Einwände gegen die Angst vor dem Tod auch einen Sterbenden beruhigen. Doch das Sterben selbst, die letzten Stunden, Tage oder gar Wochen und Monate, sind ein Teil des Lebens, nicht der vorweggenommene Tod. Die Angst vor dem Sterben ist also Angst vor dem Leben, vor einem verhältnismäßig kurzen, aber doch höchst wichtigen Abschnitt des Lebens, ist Angst vor Schmerzen, vor Leiden, vor Ungewißheit, vor Einsamkeit, vor Hilflosigkeit, auch Angst vor der Angst selbst. Sterben können wir nur, solange wir noch lebendig sind. Zur Erleichterung dieser Lebensphase gibt es Ratgeber; ob sie taugen, kann ich nicht beurteilen. Sicher ist, jeder schafft es auch ohne Ratgeber.

Dieses Büchlein handelt auch nicht von der Angst vor einem zu frühen Tod. Gegen einen frühen Tod, und gegen die Angst davor, hilft keine Philosophie. Die Angst vor einem zu frühen Tod ist tatsächlich keine Angst vor dem Tod, vor dem Nicht-Sein, sondern die Angst vor einem Leben, das zu kurz ist im Verhältnis zu den Erwartungen, die man an die Länge des Lebens zur Erfüllung aller Erwartungen, zur Befriedung aller Begierden hat. Die Angst vor einem zu frühen Tod ist zumeist bloß die Angst, etwas zu verpassen. Die ist durchaus berechtigt, soviele schon haben das Leben lange vor ihrer Zeit verlassen.

Und natürlich gibt es andere gute Gründe, den Körper zu schützen – nicht um ein sinnloses Leben nutzlos auszudehnen, sondern um eine erfüllte Lebensspanne auszuschöpfen. Ein besonnener Lebenswandel hat nicht den Zweck, die Lebensdauer bloß der Zahl nach auszuweiten, sondern vielmehr, einen vorzeitigen Tod und, fast noch mehr, vermeidbare Gebrechen zu verhindern. *„Denn es kommt sehr viel darauf an, ob man das Leben verlängert oder das Sterben.“* (Seneca 1993) Das Risiko eines zu frühen Todes läßt sich leicht mit wenigen, grundlegenden Maximen minimieren. Das Rezept ist Vorsicht, Ernährung und Bewegung. Wer seine Gesundheit ruiniert, leidet selbst an den Folgen, die Ärzte nicht. Zeit an Bewegung und Ernährung zu sparen, heißt nur, später mehr Zeit an seine Krankheiten und an einen frühen Tod zu verlieren. Botox und Fettabsaugung helfen dann nicht mehr. Zeit für Bewegung und Ernährung ist eine einträgliche Investition. Wer in jungen Jahren seine Kräfte unbekümmert verbraucht, nimmt einen teuren Kredit auf seine Zukunft, der im Alter hohe Zinsen verlangt. Rechtzeitig, in den besten Jahren, soll man ein ordentliches Quantum Zeit in den Erhalt seiner Kräfte investieren, um sie auch in der Zukunft noch gebrauchen zu können. Gesunde Speisen, eigenhändig zubereitet und in Ruhe mit Genuß verzehrt, und täglich eine Stunde Bewegung an frischer Luft werfen später erstaunlich hohe Renditen ab und sparen überdies teure Honorare für den Schönheitschirurgen.

*

Die folgende Bemerkung ist in einem engeren Sinne kein philosophischer Einwand gegen die Angst vor dem Tod, weshalb der Rat in dieser Vorrede steht. Er lautet: Akzeptieren Sie Unvermeidbares, nicht bloß den Tod, auch andere Dinge und Ereignisse, die sich ohnehin nicht vermeiden lassen. Dazu zählen auch verhältnismäßig harmlose Angelegenheiten wie die Steuererklärung, an denen wir uns üben können, das Unvermeidbare zu akzeptieren, wozu dann auch der Tod gehört. Einen friedvollen Gleichmut verschafft uns erst die Erkenntnis, daß wir den Lauf der Vorgänge in der Welt nicht verhindern können, daß sie sich unvermeidlich ereignen. Es kommt, wie es kommt, und das Ringen um Begehrtes, das unerreichbar ist, bleibt ebenso fruchtlos wie der verzweifelte Kampf darum, etwas zu verhindern, vor dem wir uns fürchten, das aber unausweichlich ist. Erst die gefaßte, auch aufrichtig so empfundene Annahme des Unvermeidbaren kann uns die Gelassenheit verleihen, das zu ertragen, was wir beobachten und erleben.

Unsere Ängste werden wir nur verlieren, wenn wir akzeptieren, daß etwas ist, wie es ist, daß kommt, was kommt, und daß unser Leben vergehen wird. Wer sich, auf der höchsten Stufe, mit der Unausweichlichkeit seines Todes aussöhnt, erlangt schließlich die Gelassenheit, das Leben, wie es ist und nicht anders sein kann, zu ertragen.

Das ist schwierig, aber klug, klüger als das Gegenteil, denn der Widerstand gegen Unvermeidliches mündet bloß in die dümmste Vergeudung von Lebenskraft. Wer immer wieder versucht, notwendig ohne Erfolg, die Gegebenheiten zu verändern, die sich nicht ändern lassen, die Vorgänge aufzuhalten, die sich nicht verhindern lassen, der hadert mit den Umständen, verzweifelt an den Menschen, verdammt sein Schicksal – und vergißt über seinem Ärger, das zu tun, was er tun kann. Unveränderliche Umstände anzunehmen heißt nicht, sie zu rechtfertigen; es ist bloß klüger, sie schweren Herzens hinzunehmen und ihnen weiter keine Aufmerksamkeit zu schenken. Was nicht so ist, gar nicht sein kann, wie wir es uns erträumen, müssen wir akzeptieren, wie es ist.

Dazu zählen unsere Krankheiten, Verletzungen und Behinderungen, die Auswirkungen unserer Erfahrungen auf unser Gemüt oder unsere wirtschaftlichen Verhältnisse. Es ist natürlich bloß eine Krücke, allerdings sehr wohl erst einmal heilsam, wenn man das eigene Leid an dem Leiden anderer Menschen mißt. Schon Michel de Montaigne riet uns vor knapp 450 Jahren, daß wir uns nicht mit denen messen sollen, die vergnügter scheinen und weniger leiden, sondern mit dem Schicksal derer, die ein noch größeres Leid ertragen müssen. *„Keiner ist so elend, daß er nicht tausend Beyspiele finden sollte, mit denen er sich trösten könnte. Es ist unser eigener Fehler, daß wir lieber auf das, was über uns ist, als auf das, was unter uns ist, sehen.“* (Michel de Montaigne)

Besonders aber sollte man lernen, zu unterscheiden, was durchaus veränderbar ist und was dagegen nicht. Es ist sicher gut gemeint, aber einfältig, Kräfte damit zu vergeuden, solche Umstände zu verbessern, die sich mit der größten Mühe nicht ändern lassen. Niemand kann Gewitter verhindern, und erst recht nicht, indem man die Blitze verabscheut. Indem wir zuhause bleiben, können wir uns wohl vor einem Gewitter schützen. *„Kein Vernünftiger aber zürnt der Natur.“* (Seneca) Zwar kostet es Kraft, belastende, aber unveränderliche Umstände zu akzeptieren, z. B. wenn jemand nicht mehr sehen kann, wenn er einen Schläger zum Erzeuger hatte, oder wenn er von Kriminellen beraubt worden ist. Wer dann allerdings für den Rest seiner Jahre nur sein Schicksal tadelt und sich ein anderes Leben wünscht, der gewinnt dabei nichts, verliert aber viel. *„Es gibt nur ein Erleichterungsmittel gegen den Druck schwersten Unglücks: Geduld und Fügsamkeit in das Unvermeidliche."* (Seneca) Selbst die übelsten Leiden, Niederlagen oder quälende Verluste soll man dulden. *„Daher nimmt er alles so hin wie den Frost des Winters und die Unbilden der Witterung"* (Seneca).

Das ist leichter gesagt als getan, und die besonders schmerzhaften Erfahrungen kann vielleicht nur ein Heiliger mit einem Achselzucken ertragen. Doch die vielen, vergleichsweise unwichtigen Bagatellen sollte jeder kluge Mensch rasch abhaken. Und die ernsthaften Sorgen, und dazu gehört die Angst vor dem Tod, denen begegne man mit der Macht der Vernunft. In den folgenden Kapiteln werden wir sehen, welche Einwände es gegen die Angst vor dem Tod gibt. Diese Einwände sind es, die uns das Unvermeidbare leichter akzeptieren lassen.

*

Ich will Sie hier mit Gedanken großer Geister zum Tod vertraut machen. Sie waren nicht alle Philosophen in einem engeren Sinne, aber doch philosophisch denkende Menschen. Ihre Einsichten werde ich einstreuen, gelegentlich ausführlicher vorstellen, erläutern und auslegen. Ich kann und will hinter diesen Gedanken nicht vollständig verschwinden, gleichsam wie ein kastrierter Reporter der Geistesgeschichte, doch die Gedanken Anderer und ihre Konsequenzen werden im Vordergrund stehen. Meine eigene philosophische und, wie ich meine, ordentlich begründete Auffassung zum Tod werde ich am Ende dieses Essays, im X. Kapitel, entwickeln, natürlich mit Bezug auf andere Positionen und Einsichten.

Als Philosophen nähern wir uns der Angst vor dem Tod von zwei Seiten. Da ist zum einen die Seite der Erfahrung, was wir sehen, hören, tasten, kurz: anschaulich erkennen und dann mit den Mitteln unserer Vernunft verarbeiten, mit allen begründeten Schlußfolgerungen. Die andere Seite ist die Metaphysik, mit der wir uns an Gewißheiten herantasten, die jenseits unserer anschaulichen Erkenntnis, ja eigentlich vor ihr, ausgemacht sind. Die philosophischen Einwände gegen die Angst vor dem Tod sind nicht alle auf dem gleichen Grund gewachsen. Ich stehe zwar fest auf dem Boden der Philosophie von Schopenhauer. Gegen die Angst vor dem Tod helfen aber alle Palliativa, die wir aus verschiedenen philosophischen Lehren extrahieren können, sofern sie überzeugen.

Ein Letztes vorab: Dies ist keine wissenschaftliche Abhandlung, es soll, es kann keine sein. Nur mit dieser Freiheit läßt sich das Thema überhaupt angehen, und ich verstehe dieses Büchlein daher ausdrücklich nicht als wissenschaftliche Untersuchung, sondern als ein Essay. Aus dem gleichen Grund verzichte ich auf die wissenschaftliche Gepflogenheit, den Leser zu langweilen und zu verwirren, indem jedes Zitat mit seiner exakten Fundstelle in einer verwirrenden Schlange von Fußnoten belegt wird. Es geht hier um den Inhalt der Gedanken, und da kommt es nur darauf an, was gesagt wurde (und der Redlichkeit wegen, wer es gesagt hat). Ich belege die Zitate daher nur formlos mit der Angabe des Autors. Welche Werke mit ihren Aussagen und Informationen zu diesem Essay beigetragen haben, das ist hinten im Literaturverzeichnis aufgelistet.

Der Tod geht jeden Menschen an, und auch die Angst vor dem Tod sucht mehr oder weniger jeden im Laufe seines Lebens heim, mag er sich das eingestehen oder nicht. Daher ist diese Schrift allein des Themas wegen eine populäre, bleibt aber eben auch eine philosophische Arbeit. Ich bin der Meinung, daß sich beides überhaupt nicht ausschließt, allerdings ist es natürlich eine Gratwanderung, beide Ansichten auf ein Thema zu einer geglückten Verbindung zu vereinen. Der philosophisch jungfräuliche Leser möge mir verzeihen, daß ich mich redlicherweise nicht in der Lage sehe, auf jeden Griff in die Mottenkiste zu verzichten; sicher wird die Darstellung aber immer so ausfallen, daß jeder Gedanke nachvollziehbar bleibt, wenngleich der Ungeübte an mancher Stelle seine Konzentration vielleicht wird erhöhen müssen. Auch der eine oder andere Umweg wird nötig sein, der zunächst wie eine Abschweifung klingt, aber immer, das versichere ich, ein notwendiger Teil im Zuge der Gedankenführung bleibt. Der philosophisch gebildete Leser wiederum möge mir nachsehen, daß ich nicht alles voraussetze und in den einen oder anderen Gedankengang Erläuterungen dazusetze, die ihm als entbehrlich anmuten. Und den philosophisch verbildeten Leser schließlich muß ich um Nachsicht bitten, daß hier alles verständlich bleibt.

I. Mut zur Konfrontation

Dem wohl häufigsten Versuch, der Angst vor dem Tod auszuweichen, mangelt es nicht unbedingt an Mut. Der Akt der Fortpflanzung mag reine Wollust sein, aber es gehört schon etwas dazu, bewußt die jahrzehntelangen Folgen des kurzen Aktes in Kauf zu nehmen. Das scheint mir nicht ohne Kühnheit möglich. Im Hinblick auf die eigene Sterblichkeit ist das Begehren, über den Gattungstrieb der Selbsterhaltung hinaus, sich durch Fortpflanzung individuell unsterblich zu machen, vor allem aber ein starrköpfiger Versuch, vor der Ausweglosigkeit des eigenen Endes auszuweichen. Auf diese Weise trotzen Menschen dem Grauen der Vergänglichkeit, indem sie durch ihren Nachwuchs kleine, wandelnde Denkmäler aus Fleisch und Blut aufrichten. *„Denn ganz ebenso wie dort sucht auch hier die sterbliche Natur nach Vermögen immer zu sein und unsterblich. Sie vermag es aber nur auf diese Art, durch die Erzeugung, daß immer ein anderes Junges statt des Alten zurückbleibt.“* (Platon) Doch der Nachwuchs hält sich nicht an die Pläne seiner Erzeuger, er kostet Geld, Zeit und manche Nerven, und schließlich sucht er doch seine eigenen Pfade. Wenn sie erst einmal aus dem Haus sind, haben die Nachkommen auf ihren weiteren Wegen kaum mehr im Gepäck als einige Anlagen und vielleicht noch den einen oder anderen guten Vorsatz aus der Erziehung. Und wenn noch nicht die unmittelbaren Kinder völlig, so ignoriert dann doch in den danach folgenden Generationen jeder Nachfahre, was ein früherer Erzeuger in der Vorzeit vielleicht erreichen wollte. Letztlich folgt jedes Leben nur seiner eigenen Spur, auch wenn es ohne Fortpflanzung nicht möglich wäre.

Ich will damit weder die Absichten der Erzeuger noch die eigenen Wege der Kinder verurteilen, im Hinblick auf die eigene Endlichkeit ist es jedoch trügerisch, dem Tod auf diese Weise ein Schnippchen schlagen zu wollen. Und spätestens, wenn der eigene Tod näher rückt, wird die Hoffnung auf Unsterblichkeit schließlich doch fühlbar vereitelt. Mit oder ohne Nachkommen, wir entkommen weder dem Tod noch der Angst vor ihm. Daher ist es klug, sich dieser Angst beizeiten zu stellen und einen bewußten Umgang mit ihr zu betreiben, anstatt sich auf der Flucht vor ihr nur durch das Leben zu zittern. Insofern ist der Umgang mit der Angst vor dem Tod ein fundamentaler Teil der Lebensklugkeit.

Allerdings gehört es zu den zynischen Launen des Lebens, daß wir über die erforderliche Klugheit für eine glückende Lebenskunst aus eigener Kraft erst am Abend des Lebens verfügen können, indem wir dann auf unsere Erfahrungen zurückblicken. Tatsächlich hätten wir aber eben die ganzen Jahrzehnte davor diese Lebensklugheit viel stärker gebraucht. „*Der griechische Philosoph klagte nicht ganz ohne Grund: es ist schade, daß man alsdann sterben muß, wenn man eben angefangen hat einzusehen, wie man eigentlich hätte leben sollen.*" (Immanuel Kant) Der Mut zur Konfrontation mit der Angst vor dem Tod ist ein Teil dieser Lebensklugheit, auf den man nicht bis zum Lebensabend warten muß. Denn man muß nicht jeden Fehler selbst machen, um aus ihm zu lernen, wenn Andere ihn längst gemacht haben, und man muß sich auch nicht jede Einsicht mühsam selbst erwerben. Die Lebensklugheit der Weisen aller Zeiten ist eine heilsame Hinterlassenschaft, ein freundliches Angebot, eine kleine Abkürzung zu nehmen, um die Welt zu entziffern und auch um zu erkennen, wie die Angst vor dem Tod am klügsten zu ertragen ist.

Bevor wir uns dem Schrecken des Todes stellen, sollten wir uns vorher aber darauf besinnen, daß das Faktum und unsere Angst davor, eines Tages nicht mehr zu sein, uns gleichsam auch hilfreiche, nützliche Kräfte verleihen. Zum einen könnten wir alle Vorsicht und Rücksicht in den Wind schießen, wenn uns kein Schlag etwas anhaben könnte, uns weder verletzen noch krank machen könnte, und wenn wir daher auch gar nicht an Unglücken sterben könnten. Da wir jedoch höchst anfällig für allerlei Miseren sind und eben nicht sterben wollen, so achten wir auf unser Leben und unsere Gesundheit. „*Die Furcht vor dem Tod, die den Menschen eingeprägt ist, ist zugleich ein großes Mittel, dessen sich der Himmel bedient, sie von vielen Untaten abzuhalten. Vieles wird aus Furcht vor Lebensgefahr oder Krankheit unterlassen.*" (Georg Christoph Lichtenberg) Dies ist eine durchaus segensreiche Wirkung unserer Angst. Allerdings retten uns die klugen Worte von Lichtenberg nicht vor dem Tod, sondern nur, aber immerhin, vor einem zu frühen, vorzeitigen Tod. Den Tod überhaupt verhindern wir durch die größte Vorsicht und Rücksicht keinesfalls.

Zum anderen hat unsere Angst vor dem Tod, richtig ausgelegt, auch eine regelrecht heilsame Seite. Wer Angst vor dem Tod hat, hat die Unvermeidlichkeit seines Endes immerhin schon eingesehen. Und der weiß selbst, was die alten Inder wußten:
„*Durch Reichtum ist der Mensch nicht froh zu machen!*
Wen lockte Reichtum, der dir [Tod] sah ins Auge?"
(Kâthaka-Upanishad)

Wer also die Konsequenzen seiner Endlichkeit recht bedenkt, findet hieran eine heilende Kraft für sein Leben, soweit es durch Gier, Neid und flüchtige Genüsse verdorben ist. Er kann soviel begehren, aufhäufen und erleben wollen, wie er will, nichts davon bleibt ihm im Tod, und aller Glanz des Begehrten und Erworbenen verblaßt. Wer das verstanden hat, kann sich auf das Wesentliche in seinem Leben, auf seine Erkenntnisse, seine tiefgehenden Verbindungen, seine Freude an der Natur und auf manches mehr besinnen. So kann der Tod mit all seinen Konsequenzen ein krankes Leben heilen, und die Angst vor dem Tod, als klare, heftige, auch erschreckende Vorstellung von dem Tod, ist ein notwendiger Schritt dorthin.

*

Jedem Mut steht ein Risiko gegenüber, sonst brauchte man nicht mutig sein. Wer den Mut aufbringt, sich mit seiner Angst vor dem Tod zu konfrontieren, erzeugt sogar ein neues Risiko eben durch die Konfrontation mit der Angst, indem er sich der Vorstellung stellt, eines Tages nicht mehr zu existieren. Dieses Risiko will ich nicht verleugnen und stelle es daher an den Anfang meiner Bemerkungen über den Mut zur Konfrontation. Kurz gesagt: Die Konfrontation mit dem Tod stellt in der Folge den Sinn des Lebens in Frage, der doch so gerne gesucht und, einmal gefunden, sehr gepflegt wird.

Der Vater der Logotherapie, der honorige Arzt und Psychotherapeut Viktor Frankl, behandelte die Frage nach dem Sinn des Lebens als eine Grundfrage des menschlichen Daseins. Frankl verstand das Fehlen eines solchen Sinns als einen wichtigen Auslöser von Lebenskrisen und seelischen Leiden. Das war ohne Zweifel ein großer Verdienst der Logotherapie. Allerdings gab Frankl auf die Frage, was dieser Sinn des Lebens nun sein soll, eine Antwort, die wenig überzeugt und nicht befriedigt. Was die Logotherapie von Frankl anbot, war letztlich beschränkt auf beliebige Tätigkeiten, die man als sinnstiftend auswählen solle, wie etwa das Betreuen kranker Menschen oder der Einsatz für Bedürftige. Das ist an sich natürlich honorig und nicht verwerflich. Aber nach dieser Auffassung wäre die Lebenszeit eines Menschen lediglich ein Mittel zum Zweck, nämlich zu dem, eine Funktion, eine selbst gestellte Aufgabe zu absolvieren. Welche Aufgabe das sein soll, ist eigentlich gleichgültig und in das wahllose Belieben des Sinnsuchers gestellt.

Im Angesicht der letztlich unbedeutenden Kürze jeder Lebensspanne beschränken sich solche Sinnangebote auf den kleinen Zusammenhang der physischen Existenz eines Menschen. Darin trifft, wer seinem Leben einen Sinn verliehen hat und sich dann der Aussicht auf den eigenen Tod stellt, auf das Risiko dieser Konfrontation. Denn mit dem Tod des Körpers endet der beliebig gewählte Sinn jedes Lebens, gerade so, als ob es nie begonnen hätte, und der Sinn wird obsolet, schon im Leben selbst. Auch ohne die Konfrontation mit dem Tod ist dieser Sinn des Lebens, der gleichgültig ausgewählt wird, äußerst fragwürdig. Denn der Sinn des Lebens ist, im Sinne von Frankls Logotherapie, bloß subjektiv, ohne objektiven Wert allein für den einen Menschen gültig, der ihn erwählt hat, und bleibt dabei beliebig und austauschbar. Die Welt braucht nicht den Sinnsucher mit seinem derart konstruierten Sinn, sondern der Sinnsucher braucht den Sinn, weil er ohne ihn nicht leben kann. Es ist allein sein existentielles Interesse, in sein Handeln einen Sinn zu legen. Denn der ausgewählte und zugeschriebene Sinn des Lebens erleichtert es ihm, alle Leiden und Bedrückungen zu erdulden, weil – ja, weil sonst alles keinen Sinn macht.

Das mag sogar eine Weile funktionieren, vielleicht auch länger, und der Sinn des Lebens kann als bewährtes Palliativum wirken, solange jemand bloß gewöhnliche Interessen mit gewöhnlichen Mitteln verfolgt. Das ändert nichts daran, daß der so verehrte, hehre Sinn des Lebens nichts anderes als Egoismus verbirgt, auch wenn er sich in selbstlosen Taten ausdrückt. Der Sinn des Lebens ist ethisch wertlos. Nur das Individuum, das ihn sucht und auswählt, benötigt den Sinn, und auch nur für sich. Sofern nun andere Menschen von den als sinnvoll geadelten Handlungen profitieren, wenn etwa wohltätige Dienste als Sinn des Lebens gesetzt werden, so ist dieser Effekt immer bloß ein Mittel zum Zweck, nicht der Zweck selbst. Aus Sicht des Sinnsuchers wird seine Antwort auf die Sinnfrage zur Voraussetzung seines weiteren Daseins, auch wenn er sich dafür lediglich belanglose, beliebige Tätigkeiten auswählt, um seine Langeweile abzutöten und einen Grund zu haben, weiter zu leben.

Dieser beschwichtigende Trug kann bereits bröckeln, wenn jemandem Zweifel an den sinnstiftenden Tätigkeiten aufkommen, die er sich gewählt hat. Ganz sicher aber endet die Frage nach dem Sinn des Lebens immer an einer Grenze, über die keine Antwort hinausreichen kann, und diese Grenze ist unser Tod. Wer sich die Vergänglichkeit seiner physischen Existenz bewußtmacht, dessen Vorstellung vom Leben reißt an der Grenze ab, die der Tod markiert. An diesem Punkt löst sich auch jeder Sinn auf, den wir unserem Leben beigemessen haben. Etwas, das bloß eine subjektive Bedeutung nur für uns hat, hat gar keine Bedeutung, denn es wäre ohne irgendeine Folge gar nicht, wenn wir nicht wären. Angesichts des so wieder verlorenen Sinns wird der nun sinnlose Mensch, den unausweichlichen Tod im Blick, zu der Entscheidung genötigt, ob er sein Leben nicht lieber gleich, vor der Zeit, beenden oder vielleicht doch fortsetzen soll, nur: warum? Für das Universum macht es keinen Unterschied, selbst für den Gang der Dinge auf der Erde ist es einerlei, ob er sich zu dem einen oder dem anderen durchringt. Die Antwort auf die Frage nach dem Sinn des Lebens ist nur in der Mikrowelt des Individuums gültig, und sie gilt nur für das Individuum, ist dagegen belanglos für das Los seiner Stadt, seines Landes oder gar der Menschheit. Der subjektive Sinn ist lediglich eine Ausrede des Individuums, um das Dasein, an dem es hängt, nicht verfrüht aufzugeben.

Wer sich nun allezeit nur mit einem Sinn des Lebens beschieden hat, der geht in der Tat ein Risiko ein, wenn er sich seiner Angst vor dem Tod stellt und dabei sich notwendig auch mit dem Tod selbst konfrontiert. Das ist weniger eine Warnung, mehr ein notwendiger Hinweis, mit sich, noch vor der Frage nach dem Wohin, die Frage nach dem Wozu des Lebens zu verhandeln. Die Antwort muß nicht zwingend nur einen Sinn, einen subjektiven Grund des Lebens hergeben. Jedes Leben kann auch einen objektiven Wert haben, der durch den Tod gar nicht angefochten wird. Orientieren wir uns etwa an schöpferisch tätigen Künstlern, Komponisten, Philosophen oder Literaten. Ihnen ist die magere Dauer ihres physischen Daseins viel zu kurz, um die Zeit mit beliebigen, sinnüberhöhten Aufgaben zu vergeuden. Ihr Streben richtet sich darauf, Gemälde, Melodien, Erkenntnisse oder andere Werke zu kreieren, die eine Bedeutung für alle haben, nicht für sie alleine, und die über ihren Tod hinaus wirken. Solche schöpferischen Werke sind nicht der subjektive Sinn ihres Lebens, den sie sich auch nicht beliebig gewählt haben, sondern ihre objektive Bestimmung, die sie erfüllen.

Dabei ist es ganz gleich, ob, was der eine Sinn nennt, eigentlich doch Bestimmung, und was der nächste Bestimmung heißt, tatsächlich bloß ein subjektiver Sinn ist. In der Sache halten wir es hier auseinander und benennen es eindeutig: Eine Bestimmung hat, im Unterschied zum

Sinn, einen objektiven Wert. Eine Bestimmung läßt sich auch nicht wählen, vielmehr ist sie ein innerer Antrieb. Seine Bestimmung bringt jeder mit auf die Welt, und sie äußert sich in Begabungen und Neigungen. Sie ist gewissermaßen das Perpetuum mobile, das jedem mitgegeben wird und nie ermüdet, während der Sinn, wie der Brennstoff beim Wagen, erst einmal aufgetankt werden muß. Wer eine derartige Bestimmung in sich entdeckt, will ihr nicht folgen, er muß ihr folgen, er kann es gar nicht anders. Die Bedeutung der Bestimmung reicht auch, jenseits eines subjektiven Nutzens, über das Ende des Lebens hinaus.

So erging es auch Anne Frank, als sie gerade erst 14 Jahre alt und ihre Jugend bereits vereitelt war, weil sie sich mit ihrer Familie in einem Hinterhaus in Amsterdam vor den faschistischen Massenmördern verstecken mußte. Fast trotzig klingt, was sie am 11. April 1944 in ihr weltberühmtes Tagebuch schrieb: *„Ich werde nicht unbedeutend bleiben. Ich werde in der Welt und für die Menschen arbeiten!"* (Anne Frank) Auf schreckliche Weise erfüllte sich ihre Ahnung: Ihre Familie wurde denunziert, verhaftet und abtransportiert, Anne wurde ins Lager gesperrt und ermordet; durch dieses Schicksal wurde ihr Tagebuch weltberühmt, ihr Name unsterblich, ihre Arbeit wirksam. Die Bestimmung von Anne Frank wurde auf eine paradoxe Weise dadurch erfüllt, daß sie durchkreuzt wurde. Wer ihr Tagebuch gelesen hat, weiß, daß dieses Mädchen besonders war. Vor allem war ihre Bestimmung ihr innerer Antrieb, dem sie folgte, ohne die spätere, weltweite Verbreitung ihres Tagebuchs auch nur zu erahnen. Ihr Schreiben war kein beliebiger, gleichgültiger Zeitvertreib, um die Stunden und Tage in dem Versteck totzuschlagen, es war ihre Bestimmung, der sie nach Begabung und Neigung folgte. Wer dagegen erst einen Sinn für sein Leben sucht, der wählt, subjektiv, eine Funktion, die er erfüllen will, während er alternative Aufgaben wählen könnte. Der Sinn füllt das Leben, er erfüllt es aber nicht, und der Tod verwischt alle Spuren.

*

Natürlich ist die Frage berechtigt, warum man sich überhaupt mit dem Tod auseinandersetzen sollte, wenn diese Konfrontation den Sinn des Lebens infrage stellt und einen erschrecken, erschaudern läßt. Warum sollte man den Mut zur Konfrontation aufbringen, wenn es vielleicht gar nicht nötig ist? Kurz geantwortet: Die Angst vor dem Tod ist da, auch wenn wir uns alle Mühe geben, den Tod heldenhaft zu ignorieren.

Wir werden nicht unsterblich, indem wir unsere Endlichkeit verleugnen, und die Flucht vor unserem Innenleben wird nicht einmal dem gelingen, der zum Mond fliegt. Im Gegenteil, je länger wir vor dem Schrecken fliehen, desto rabiater nagt er an uns.

Nun hat so ein Buch die quasi tautologische Eigenart, daß die Aufforderung, sich mit dem Tod und der eigenen Angst davor zu konfrontieren, sich an dieser Stelle bereits erübrigt hat, sobald ein Leser es in die Hand genommen hat. Wer sich entschieden hat, dieses Buch zu lesen (selbst wenn er es gleich wieder aus der Hand legt), der hat die erste, die größte Nachlässigkeit bereits vermieden, nämlich indem er sich seiner Angst gestellt und den Tod nicht verdrängt hat. Die Angst vor dem Tod ist so natürlich wie unsere Bedürfnisse, zu atmen, zu schlafen, zu trinken und zu essen. Es ist, wie wir sehen werden, der Wille zum Leben, der uns antreibt, und der seinen Widerpart ebenso fürchtet wie verabscheut. Während sich allerdings unsere Bedürfnisse gewöhnlich recht einfach befriedigen lassen, haben wir gegen die Angst vor dem Tod kein Palliativum einfach und rasch zur Hand. Wie gegen alle Triebe, denen wir die Kraft unserer Vernunft entgegenhalten, können wir auch gegen die Angst vor dem Tod nur die Macht unseres Intellekts mobilisieren, indem wir aufbauend auf Erfahrungen das Leben, den Tod und die Angst vor ihm reflektieren und dechiffrieren. Wie eingangs schon einmal geschrieben: Verstehen hilft ertragen, und es ist der erste Schritt, den Schrecken abzuschütteln.

Wenngleich jeder Leser allein durch Lektüre dieser Schrift den Mut zur Konfrontation hinreichend demonstriert, so ist es selbstverständlich legitim, dennoch wissen zu wollen, was man für seine Mühen bekommt. Zunächst einmal ist die Belohnung eine negative. Was wir verdrängen, ist nicht verschwunden, sondern hat bloß den Platz gewechselt. Die Psychoanalyse von Sigmund Freud hat im Kern dieses Verdrängte zum Gegenstand, und dazu gehören unsere Ängste. Die verdrängte Angst vor dem Tod klopft im Keller unseres Unterbewußtseins umso heftiger an die schwach gedämmten Türen unserer Gemütsruhe, je länger wir sie verdrängen. Und so führt die Angst vor dem Tod zu Verzagtheit, Lähmung und Depressionen.

Unvermeidbares, das wir fürchten, ereilt auch den, der es verdrängt. Auf diese Weise schenkt die still in uns nagende Angst dem Tod eine noch mächtigere Gewalt über uns. Seneca sprach sehr deutlich aus, daß die Angst vor dem Tod uns regelrecht feige macht. *„Sie ist es, die das Leben selbst, das sie schonen will, beunruhigt und verdirbt.“* (Seneca) Das Unterbewußtsein vergißt unsere Angst vor dem Tod ebensowenig wie Gläubiger die Rechnungen, die wir nicht bezahlen. Wenn wir dann auch die Mahnungen ignorieren, dann bekommen wir die Quittung eines Tages nur noch mit höchsten Zinsgebühren. Die verdrängte Angst vor dem Tod kann zur Hypochondrie ausarten, die selbst wieder psychosomatische Beschwerden erzeugt. Neue körperliche Leiden werden zur Folge der Verdrängung unserer Angst, die auf diesem Umweg wieder neue Ängste schürt. Es ist paradox, aber nicht unmöglich, daß ausgerechnet die verdrängte Angst vor dem Tod schließlich bis zum Selbstmord führen kann, wenn die Angst unerträglich geworden ist. Wer sich mit dem Tod und seiner Angst konfrontiert, erhält als erste Belohnung, daß er diese Folgen vermeidet.

Die zweite Belohnung für unseren Mut zur Konfrontation mit dem Tod ist durchaus positiv, nämlich die Freiheit, die wir dabei gewinnen. Sie wird dem zuteil, der sich den Tod aktiv vorstellt und als unvermeidlich akzeptiert, anstatt ihm jedes Mal aus dem Weg zu gehen, wann immer der Tod in seine Gedanken eintritt. Wer sich mit seiner Sterblichkeit versöhnt und die Endlichkeit des Lebens akzeptiert, befreit sich mit diesem mutigen Schritt von dem Schrecken, den der Tod erzeugt. Im Vergleich mit allen anderen Dingen können wir nichts Bedeutenderes verlieren als unser Leben, sofern wir es als notwendiges Mittel ansehen, unsere Bestimmung zu erfüllen. Wer sogar vor diesem Verlust keine Angst mehr hat, den kann nichts mehr erschüttern. *„Was soll der fürchten, der den Tod nicht fürchtet?“* (Friedrich Schiller)

Derjenige, für den die Endlichkeit seiner Existenz den Schrecken verliert, wird so frei, wie man als Mensch eben nur frei sein kann. *„Die Kunst zu sterben befreyet uns von aller Unterwürfigkeit, und allem Zwange.“* (Michel de Montaigne) Mit ähnlichen Worten wie Montaigne hatte schon Seneca den Weg zur Freiheit aufgezeigt: *„Wer zu sterben gelernt hat, hat verlernt Sklave zu sein.“* (Seneca) Und er ist auf alles vorbereitet. Ein weiser Mensch kalkuliert jeden Tag mit seinem möglichen Exitus. *„Wir müssen allezeit gestiefelt und reisefertig seyn.“* (Michel de Montaigne) Bei dieser Gelegenheit kann ich jedem die Lektüre von Montaignes Essays nahelegen, auch zu vielen anderen Gegenständen. Montaigne empfahl das Philosophieren mit dem schönen Hinweis, daß es eine Vorübung auf den Tod ist. Wer eingehend über den Tod nachdenkt, gibt seinem Geist etwas zu tun, an dem sein Leib ansonsten überhaupt nicht teilnimmt. Diese Beschäftigung ähnelt dadurch bereits in gewisser Weise dem Tod und bereitet auf ihn vor.

Eine Erwartung sollte man bei der Konfrontation mit dem Tod nicht hegen. Das Ziel, die Angst vor dem Tod im engeren Sinne zu überwinden, wäre zu hoch gesteckt, in der Regel wenigstens. Denn die Überwindung dieser Angst wäre die Überwindung unseres menschlichen Wesens. Solange wir lebendige, menschliche Wesen sind, die auch leben wollen, können wir allerdings mit der Angst vor dem Tod leben. Die regelrechte Überwindung der Angst setzt tiefe Resignation, den Verlust der Hoffnung, die Verneinung des Willens zum Leben voraus. Diese höchste Stufe ist ein seltenes Privileg der Heiligen. In der Theorie ist das durchaus erstrebenswert, jedoch nur für außerordentlich wenige erreichbar.

Wer diese Anforderungen nicht bestehen kann (und das sind, mich eingeschlossen, fast alle), der kann gleichwohl mit seiner Angst vor dem Tod leben, wie er auch mit seiner Haarfarbe, seiner Schuhgröße oder seiner Sexualität leben kann und muß. Alle diese Attribute sind so unveränderlich wie die eingeborene Angst vor dem Tod. Worauf es ankommt, und was wir anstreben, ist, daß wir schließlich wohl mit, aber nicht ununterbrochen in der Angst leben, also nur noch an sie und den gefürchteten Tod denken. Dazu müssen und wollen wir klären, was das Leben ist und was der Tod, woher unsere Angst rührt und welche Einwände es gegen sie gibt. Was nicht mehr fremd ist, macht weniger Angst. Diese Erkenntnisse und Einsichten können wir dann wie ein Bild an die Wand hängen, das wir selbst erschaffen haben, zunächst noch öfter, dann nur mehr gelegentlich betrachten, bis wir es mit zunehmender Dauer immer seltener bewußt wahrnehmen, weil wir uns daran wie an jeden anderen unveränderlichen Umstand gewöhnt haben.

*

Unter allen Ängsten nimmt die Angst vor dem Tod eine Sonderstellung ein. Im Alltag sind wir dagegen regelmäßig eher mit zwei anderen Arten der Angst konfrontiert. Die eine, verhältnismäßig banale Angst ist die Furcht vor Ereignissen, die bloß die Befriedigung unserer Begierden torpedieren. So fürchten manche, daß ihre Aktien sinken, wodurch ihr Vermögen schrumpfen würde. Andere befürchten, daß es am Samstag regnet und die lange geplante Grillparty ausfallen müßte. Einigen steht sogar der Angstschweiß auf der Stirn, wenn sie auf der Autobahn in einen Stau geraten und deshalb das ersehnte Fußballspiel verpassen könnten. Wahrscheinlich haben viele Menschen Angst davor, ihren Job zu verlieren, weil sie dann nicht mehr in der Lage wären, die Raten für ihr Haus zu bezahlen. Bei allem Respekt vor manchen Anliegen, wenn das Risiko derartiger Ereignisse Ängste auslöst, dann sollte man eher die Bedeutung der drohenden Verluste ins rechte Licht rücken und die Begierden zügeln, als die Ängste rechtfertigen. Hier droht kein echter Schaden, keine Gefahr für Leib oder Leben.

Dagegen ist die Achtung vor einer realen Gefahr eine begründete Angst, nämlich die Angst vor einem Schaden. Jede Bedrohung für Leib und Leben verdient es, durch Angst gewürdigt zu werden. Dazu gehört jede schwindelerregende Höhe, aus der wir in den sicheren Tod stürzen würden, wenn wir uns einen Fehltritt leisten. Auch ein schwerer Orkan ist eine Bedrohung für Leib und Leben, wenn wir währenddessen durch Parks oder Wälder streifen. Wenn wir solche Gefahren meiden, dann weil die Angst uns davon abhält, uns ihnen auszusetzen. Hier spricht die Stimme unseres inneren Wesens zu uns. Die Angst vor einem vorzeitigen Tod entfaltet ihre segensreiche Wirkung und schützt uns nicht nur vorübergehend vor dem Tod, sondern auch vor allerlei vermeidbaren Leiden. Es ist klüger, die Hinweise der inneren Stimme zu beherzigen und die Bedrohungen zu meiden, wenigstens solange uns unser Leben lieb ist. Derartige Auftritte unserer Angst sind das treueste Schild, das wir stets bei uns tragen. Unsere Angst warnt uns vor dem naiven Eifer, die Gesetze der Natur zu mißachten und mahnt zur Achtsamkeit. Starrsinnige, Gefahren ignorierende Draufgänger sind nicht mutig, sondern eitel. Die Angst vor echten Bedrohungen ist eine verläßliche Bastion gegen die Bedrohungen.

Subtiler sind schon die Ängste, die ohne ein von außen erscheinendes Motiv auftreten, die unbestimmten Ängste, was alles in der Zukunft geschehen könnte. Solche grämenden Gedanken führen zur Grübelei und zu ausufernden Mutmaßungen, die dann die Ängste wieder anheizen. In diesen Fällen verschrecken uns, genau betrachtet, nicht die Ereignisse selbst, denn sie sind ja gar nicht eingetreten. Derart Ängstliche fürchten sich vor den Vorstellungen in ihren Gedanken, nicht vor den Unglücken selbst, die zwar eintreten können, aber nicht müssen.

Die Ängste quälen und belasten stärker als das befürchtete Unglück. Ist es dann doch erst einmal eingetreten, werden die Folgen zu einer unveränderlichen, neuen Tatsache des Lebens, die nun nicht mehr verhindert werden kann, aber auch nicht länger gefürchtet werden muß. Asche brennt kein zweites Mal. Diese unbestimmten Ängste plagen vor allem Menschen, die besonders sensibel sind. Sie haben durch Erfahrung gelernt, das Schlimmste zu erwarten. Kluger Pessimismus ist eine angemessene Haltung gegenüber der Welt, aber auch der nächste Nachbar dieser unbestimmten Angst, die alles lähmt.

Allen eher alltäglichen Ängsten ist gemein, daß wir das, was wir fürchten, meiden können. Wir müssen nicht bei Orkan durch den Wald marschieren. Wir müssen nicht mit Aktien spekulieren. Sterben müssen wir dagegen wohl. Von allen möglichen Übeln, die in der Zukunft auf uns kommen können, ist der Tod das einzige Übel, dessen wir uns sicher sein können, zumindest wenn er als ein Übel aufgefaßt wird. Wer Angst vor dem Tod hat, ängstigt sich vor etwas, das sich nicht vermeiden läßt. Der Tod allein ist gewiß, während alles andere, das wir fürchten, immer nur ungewiß bleibt, wenigstens bis es eingetreten ist. Solange wir den Tod fürchten, schwelt noch der Wille zum Leben in uns. Grenzenlos frei können nur Menschen sein, die keine Angst haben. Etwas einzubüßen ist ihnen so, als hätten sie nichts eingebüßt. Dieses vollkommene Ideal erreichen nur Ausnahmen. Die größtmögliche Freiheit, die wir gewinnen können, solange wir noch leben wollen, ist, mit der Angst vor dem Tod versöhnt zu leben, nachdem wir uns mit der Angst vor dem Tod konfrontiert haben.

*

Wer den Mut aufbringt, sich mit seiner Angst vor dem Tod zu konfrontieren, hat eine wichtige Bedingung bereits erfüllt. Denn er hat überhaupt erst einmal die Einsicht akzeptiert, daß er sterblich ist. Das ist gar nicht so selbstverständlich, wie es im ersten Moment klingt, obwohl wir doch alle wissen, daß wir sterben werden. Wissen und Erkenntnis sind noch lange nicht Einsicht. Jeder Mensch erkennt ständig, ganz gleich, ob er erkennen will. Erkennen ist die Umsetzung eines Reizes auf die Sinnesorgane in eine Vorstellung durch den naturgegebenen Verstand. Manche Menschen erkennen dabei mehr, andere weniger; manche erkennen richtig, andere falsch; manche erkennen tiefer, schärfer und verstehen die Ursache, auf die eine Erscheinung als Wirkung notwendig zurückgeht, andere erkennen die Erscheinung bloß oberflächlich und fragen sich erst gar nicht nach dem Warum. Aber erkennen kann jeder (und tut es auch ununterbrochen, bewußt oder unbewußt). An Erkenntnis, an Wissen, scheitert also nichts. Erkenntnis, könnte man sagen, läßt sich gar nicht vermeiden.

Damit ist das Erkannte aber längst nicht eingesehen worden. Nur die Einsicht vollendet, veredelt die Erkenntnis. Die Einsicht ist der letzte, aber eben auch der ausschlaggebende Schritt in jedem Erkenntnisvorgang. Erst dadurch wird das Erkennen abgeschlossen und eine Erkenntnis bedeutsam, so daß sie in der Folge berücksichtigt wird bei der Beurteilung neuer Erkenntnisse oder als Tatsache bei der Organisation unseres Handelns. Wenn eine Erkenntnis jedoch nicht in das beständige Reservoir des Bewußtseins aufgenommen wird, dann bleibt sie irrelevant, so als ob sie nie gemacht worden ist. Dabei ist es einerlei, ob eine Erkenntnis durch Anschauung, Abstraktion oder Reflexion gewonnen wurde. Die Erkenntnis bleibt immer unvollendet, wenn sie nicht in den Bestand der genehmigten Erfahrungen integriert wird. Einsicht bedeutet, eine Erkenntnis zu akzeptieren.

Das hört sich einfacher an als es offenbar ist. Aber warum sollte man vor dem, was man gesehen hat, die Augen verschließen, wie es die Redewendung so schön umschreibt? Ein ganz einseitiger Richter beurteilt im Unterbewußtsein alle Erkenntnisse, wenn sie auf irgendeine Weise in Beziehung stehen zu dem Interesse des Erkennenden. Dieser Richter ist der Wille, wie Schopenhauer das Wesen der Welt nannte, das sich in einem Menschen als sein individueller Wille zum Leben zeigt. Dieser Wille treibt das Individuum an, seine Existenz zu erhalten, sein Wohl (oder was es dafür hält) zu vermehren, seinen Nutzen zu maximieren, dagegen Schmerzen und Schaden zu vermeiden. Dieser Drang schiebt sich bei manchen Erkenntnissen vor die Einsicht: Als Richter stellt sich der Wille einer Erkenntnis in den Weg, wenn diese das Begehren des Erkennenden torpediert. Diesen Richter kennen wir, weniger metaphysisch ausgedrückt, als unsere ausgeprägten Interessen und Vorlieben, als unsere Passionen und Ressentiments. Sie alle sind, wie auch religiöse Überzeugungen, die Festung, die das Eindringen einer Erkenntnis und ihre Aufnahme als Einsicht verhindert. Der Wille hintertreibt die Einsicht, sofern eine Erkenntnis, die ihm durch den Verstand zur Beurteilung vorgelegt wird, ihn zu sehr peinigt, weil die Folgen der Einsicht das Streben des Willens beeinträchtigen, seine Zwecke durchkreuzen, seine Begierden ad absurdum führen würden, wenn sie also, mit anderen Worten, Leid bereiten.

Auch die Unvermeidbarkeit des Todes wird gegebenenfalls, wie alle Erkenntnisse, wenn sie dem Willen des Erkennenden mißfallen, in einer typischen Abfolge verarbeitet. Erst einmal wird eine erkannte Tatsache nicht beachtet, als ob der Erkennende davon gar nichts weiß. Wenn sie nicht länger ignoriert werden kann, weil Andere von ihr sprechen, wird sie dementiert und bestritten, als ob etwas gar nicht so ist, wie es behauptet wird. Wem dann die Ausreden ausgehen, der spielt die Bedeutung einer Erkenntnis für sich, ohne innere Überzeugung, herunter, als ob ihn das alles nichts angeht. Auch die Angst vor dem Tod bleibt auf diese Weise bedeutungslos, besonders solange jemand noch gar nicht mit dem Tod, eines Verwandten etwa, konfrontiert worden ist. Bis zu dieser Stufe hat der Wille eigentlich die Erkenntnis selbst erfolgreich verhindert und sie soweit getrübt, daß er sich gar nicht eingehend mit ihr befassen muß. Wenn diese Vermeidung schließlich nicht länger möglich ist, weil die Belege für eine unerwünschte Tatsache außer Zweifel stehen, dann wird die Tatsache verdrängt, ein häufiges Schicksal der Tatsache des Todes. Zwar ist die Erkenntnis an diesem Punkt bereits vollzogen, hat gewissermaßen vorläufig Einzug gehalten in das Bewußtsein. Die Konsequenzen aus der Erkenntnis werden allerdings gemieden, die Unvereinbarkeit der Erkenntnis mit den eigenen Ambitionen wird verschleiert. Der Wille, der die Erkenntnis selbst nicht länger abwenden konnte, stellt sich nun der Einsicht in den Weg, indem er die Erkenntnis verdrängt.

Hier sehen wir eine Übereinstimmung mit der Blockade der Urteilskraft, die Schopenhauer so treffend beschrieben hat. „*Wenn nun aber der Mangel an Urtheilskraft meistens durch die Krücke fremder Autorität ersetzt wird; so hat jene außerdem noch einen positiven Feind im Innern, am eigenen Willen, an der Neigung. Immer ist der Wille der heimliche Gegner des Intellekts: daher heißt reiner Verstand, reine Vernunft, ein solcher, der frei ist von allem Einfluß des Willens, d. i. der Neigung, und daher bloß seinen eigenen Gesetzen folgt.*“ (Arthur Schopenhauer) Eine reine, objektive Erkenntnis ohne den Willen ist lediglich in den seltenen Fällen möglich, in denen sie in keiner Beziehung steht zu den Begierden oder Abneigungen des Erkennenden. Ein solcher Fall ist z. B. gegeben, wenn wir, ohne daß dies im Verhältnis zu eigenen Absichten steht, das sprudelnde Aufschlagen und wie scheue Zurückziehen der Wellen am Meeresstrand beobachten.

Solche Erfahrung ist jedoch ein Sonderfall, schon deshalb, weil das unzählbare Erkennen im Alltag in der Regel irgendein Verhältnis zu dem Erkennenden hat. Die meisten Erkenntnisse tangieren in irgendeiner Weise unser Wohl oder unser Wehe, erleichtern oder bedrücken, befriedigen oder belasten, freuen oder deprimieren uns. Erkenntnisse, die das Wohl befördern, werden leicht eingesehen; auch geringe, unbedeutende Abstriche am Wohl verlangen keine Anstrengungen. Schwierig wird es allerdings, wenn große Schäden, erhebliche Einbußen des Wohlseins drohen. Wenn unsere Interessen auch nur im geringsten an der Beurteilung einer Erkenntnis beteiligt sind, dann ist es unmöglich, eine Erkenntnis ohne Willen zu akzeptieren, höchsten widerwillig. Jede Erkenntnis wird letztlich immer erst durch Einsicht vollendet. Diese höchste Stufe des Erkenntnisakts steht über der anschaulichen, auch über der abstrakten Erkenntnis, und erfordert Einsichtsfähigkeit. Das Einsehen einer schmerzenden Erkenntnis kann durchaus gelingen, setzt aber den Einsatz unserer schärfsten Waffe voraus: den Gebrauch unserer Vernunft.

Einsicht, auch in die eigene Sterblichkeit, ist eine lohnende, aber oft bittere Medizin, die ihren heilsamen Effekt nicht gleich bei der ersten Einnahme zeitigt. *„Es ist ganz natürlich, daß wir gegen jede neue Ansicht, über deren Gegenstand wir irgend ein Urtheil uns schon festgestellt haben, uns abwehrend und verneinend verhalten. (...) Demgemäß ist eine uns von Irrthümern zurückbringende Wahrheit einer Arznei zu vergleichen, sowohl durch ihren bittern und widerlichen Geschmack, als auch dadurch, daß sie nicht im Augenblick des Einnehmens, sondern erst nach einiger Zeit ihre Wirkung äußert."* (Arthur Schopenhauer) Wer aufrichtig zu sich selbst ist, der weiß, daß neue Erkenntnisse nicht automatisch, nicht einmal oft, sofort eingesehen werden. Auch dies ist eine Einsicht. In letzter Instanz ist es immer der Wille, der über die Annahme einer Einsicht entscheidet. Eine Einsicht ist eine Erkenntnis, zunächst des Verstandes oder der Vernunft, nach der Billigung durch den Willen. Verstand und Vernunft, die Diener des Willens, haben allerdings einen starken Einfluß auf die Entscheidung. Zum einen darf der Intellekt nicht versäumen, dem Willen genaue und genügende Informationen vorzulegen, auch darüber, welche segensreiche Wirkung eine Einsicht auf lange Sicht haben kann. Zum anderen soll die Reflexion Lage um Lage der Vorlieben und Abneigungen, der Passionen und Ängste, der Begierden und Hoffnungen sichtbar machen, in denen sich der Wille darstellt, um den Widerstand gegen eine Erkenntnis zu verstehen und letztlich zu überwinden.

Unsere Fähigkeit zur Reflexion, das freie, geordnete Spiel der Vernunft, ist ein scharfes Messer, das alles zerlegt. Deshalb sollten wir dieses Messer immer bei uns führen, um es ziehen zu können, wenn die Angst vor dem Tod uns anfällt. Ohne die Erkenntnisse der Reflexion wären Einsichten gegen den Willen nicht denkbar. Diese Waffe sollten wir durch regelmäßigen Gebrauch immer wieder schärfen. Aber mit Vorsicht, denn die Praxis der Vernunft ist das Denken – und auch die gefährlichste Anfälligkeit vernunftbegabter Wesen. Gleich der Natur, die ununterbrochen Leben schafft und wieder zerstört, führt auch der innere Trieb zum Denken das Potential zur Selbstvernichtung mit sich. Wo das Denken obsessiv wird, wenn der Intellekt in einem fort im Einsatz ist, bevorzugt dort machen sich schädliche Gedanken breit. Das ist, was wir Grübeln nennen, das Gegenteil, ja der Feind der Reflexion. Erst wenn es uns gelingt, dieses Grübeln wie ein Außenstehender zu beobachten, werden wir uns bewußt, was uns empfindsam und anfällig macht. Förderlich sind diese Erkenntnisse aber nur, wenn wir das Grübeln von der Reflexion unterscheiden können. Das Grübeln ist der Trojaner, der unsere Empfindsamkeit ausnutzt, um sich Eingang in unsere Gedankenwelt zu erschwindeln und die scharfe Waffe der Vernunft abzustumpfen.

Um die destruktiven Gedanken niederzuringen, müssen wir erst einmal die förderlichen und die destruktiven Gedanken auseinanderhalten. Förderliche Gedanken entwickeln sich Schritt um Schritt weiter zu neuen Erkenntnissen. Das Merkmal der destruktiven Gedanken ist dagegen die zwar angestrengte, aber träge Wiederholung. Dem Grübler gelingt es nicht, seine Gedanken aus dem geschlossenen Zirkel der Wiederholungen auszulösen. Er tritt in Gedanken auf der Stelle, während sie sich im Kreis drehen. Der Kniff besteht darin, aus dem Kreis herauszutreten, die destruktiven Gedanken wie von außen zu beobachten. Auf diesem Weg können wir das Grübeln zur Reflexion transformieren, in der die destruktiven Gedanken selbst zum Gegenstand der Erkenntnis werden. Durch Grübelei reagieren wir auf Reize, destruktive Gedanken sind das Spiegelbild unserer Erfahrungen, das Grübeln reproduziert unsere Betroffenheit wieder und wieder. Mit der

Kraft der Vernunft verläßt der Grübler durch Reflexion seine Position als Betroffener und macht sich zum Betrachter seiner selbst, seiner Erfahrungen und seiner Reaktionen darauf. Die Grübelei wird verwandelt in Erkenntnisse über die Bedingungen des Lebens. Insofern ist jeder destruktive Gedanke potentiell ein Samenkorn förderlicher Gedanken. Auch die Angst vor dem Tod mündet oft in eine Grübelei, in einen trägen, destruktiven Zirkel verzweifelter Gedanken. Wie wir der Grübelei über andere Sorgen durch Reflexion entrinnen können, so vermögen wir ebenso, mit der Macht der Vernunft unserer Angst vor dem Tod zu trotzen.

II. Den Schrecken entziffern

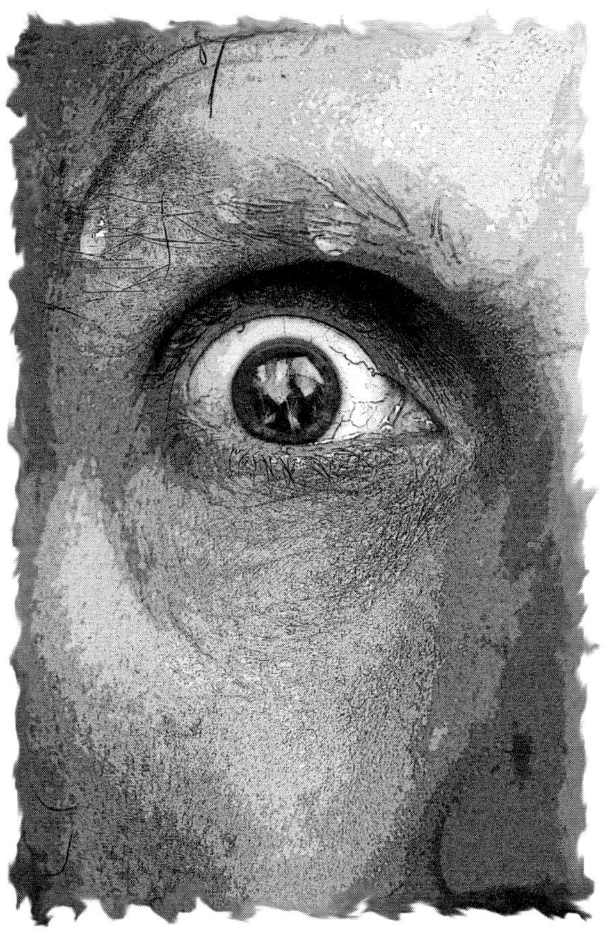

Es wird einiges gewonnen sein, wenn wir erst einmal verstanden haben, wovor wir uns überhaupt fürchten, wenn wir Angst vor dem Tod haben, und worin diese Angst begründet ist. Diese Furcht ist schon mysteriös. Die Unvermeidbarkeit des Todes schüchtert uns ein, obwohl wir ihn gar nicht kennen, keine Erfahrung mit dem Tod haben. Dennoch verbreitet er Angst, bisweilen gar Panik, und läßt uns leiden und verzweifeln. So sehr wir auch den Tod geliebter Menschen betrauern, die Verzweiflung über die eigene Sterblichkeit ist gewöhnlich größer, liegt tiefer und unnahbarer als die Trauer oder die Angst um geliebte Menschen. Denn dieser Seelenschmerz, ebenso wie die Angst vor einem Verlust, hat doch jedenfalls zur Bedingung, daß man selbst noch am Leben ist. Es ist dieses Leben, an dem wir hängen, das wir für das Sein halten. Das Leiden an der Endlichkeit dieses Lebens ist nichts anderes als Angst vor dem Nicht-Sein, das wir nicht zu kennen meinen und uns auch nicht vorstellen können.

Die Angst vor dem Tod hat zum Grunde den Willen zum Leben, diesen Treibstoff aller Dinge, den wir gleich näher kennenlernen werden, den ewigen, inneren Drang, zu sein, zu wirken und zu begehren. Alles, was lebt, ist nur, weil es sein will, gar nicht anders kann und eben nicht nicht-sein will. Leiden und Traurigkeit über das Verlieren anderer Wesen, ebenso wie die Angst vor dem eigenen Nicht-Sein, ist nur dem Lebenden bekannt, nicht dem Toten und auch niemandem, bevor er gezeugt und geboren worden ist. Schmerzen, Ängste und Verzweifeln an der Ausweglosigkeit sind der Preis für das Leben, wie das Leben die Bedingung solcher Empfindungen ist. Wer um sein Leben bangt, fürchtet um seine Existenz, um sein nacktes Dasein als Erscheinung im Universum. Die Angst vor dem Tod ist im Kern Angst vor dem Nicht-Sein. „*Die allen Menschen, selbst den Unglücklichsten oder auch dem Weisesten, natürliche Furcht vor dem Tod ist also nicht ein Grauen vor dem Sterben, sondern, wie Montaigne richtig sagt, vor dem Gedanken gestorben (d.i. tot) zu sein; den also der Kandidat des Todes nach dem Sterben noch zu haben vermeint, indem er das Kadaver, was nicht mehr er selbst ist, doch als sich selbst im düstern Grabe, oder irgend sonst wo denkt.*“ (Immanuel Kant)

Die Furcht davor, nicht zu sein, richtet sich merkwürdigerweise nie auf die gewesene Zeit vor der Zeugung, sondern immer nur auf die kommende Zeit, nachdem man gestorben sein wird. Oft bedauern Menschen, etwas in ihrem Leben verpaßt zu haben, und mancher bedauert auch, nicht in früheren Zeiten der Geschichte gelebt zu haben. Allerdings fürchtet sich niemand davor, niemand hat Angst davor, vor seiner Zeugung nicht gewesen zu sein, obwohl doch das Nicht-Sein der Vergangenheit ganz dasselbe war, wie es der Tod, das Nicht-Sein in der Zukunft, sein wird. „*Daher ist es eine eben so große Thorheit, wenn wir weinen, daß wir in hundert Jahren nicht mehr leben werden, als wenn wir weinen wollten, daß wir vor hundert Jahren nicht gelebt haben.*" (Michel de Montaigne) Wer sich vor dem unvermeidbaren Ende seines Lebens ängstigt, der bangt um den winzig kurzen Wimpernschlag zwischen zwei Hälften der Ewigkeit. Die eine ist ihm wichtiger als alles, die andere ist ihm gleichgültig. Mit dem Tod kehren wir jedoch bloß zurück in das seit Ewigkeit vertraute Nicht-Sein, das wir nur kurz unterbrochen haben und das der, alles andere weit überragende, ja eigentlich unser Normalzustand ist. „*Dann aber kann ich mich über die unendliche Zeit nach meinem Tode, da ich nicht seyn werde, trösten mit der unendlichen Zeit, da ich schon nicht gewesen bin, als einem wohl gewohnten und wahrlich sehr bequemen Zustande.*" (Arthur Schopenhauer) Indem wir uns vergewissern, wovor wir uns fürchten, wenn wir Angst vor dem Tod haben, finden wir an dieser Erkenntnis einen wichtigen Einspruch gegen unsere Angst. Wir stellen nämlich fest, daß wir uns davor fürchten, eines Tages genau das wieder zu werden, was wir längst eine Ewigkeit lang gewesen waren, nämlich etwas, das wir Nichts nennen, und vor allem, daß uns dieses Nicht-Sein noch nie auch nur im geringsten betrübt hat.

*

Um diesen und andere Gedankengänge nachzuvollziehen, läßt sich ein kurzer Exkurs nicht umgehen, damit die Grundlagen des philosophischen Standpunktes verständlich werden. Ich stehe, wie bereits bemerkt, auf dem Boden von Schopenhauers Philosophie, der das Wesen der Welt, das auch das Wesen jedes Individuums ist, dechiffriert hat. Hierin ist die Angst vor dem Tod gegründet. Die philosophische Erkenntnis dieses innersten Wesens kann nun nicht auf direktem Weg, mit Hilfe unserer Sinne, erfolgen, da es sich einer anschaulichen Erkenntnis entzieht. Daher müssen wir, um zu verstehen, was die Angst vor dem Tod letztlich auslöst, einen kleinen Umweg über die Erkenntnistheorie machen. Schopenhauers Willensmetaphysik geht aus von Kants transzendentaler Ästhetik; sie ist die Grundlage aller unserer Erkenntnisse.

Kants Bestreben, das er Transzendentalphilosophie nannte, hatte ausdrücklich nicht zur Absicht, das Wesen der Welt zu erklären. Er wollte nicht ergründen, was das ist, das wir erkennen, sondern welche Voraussetzungen unserer Erkenntnis zum Grunde liegen. Während alles als transzendent bezeichnet wird, was jenseits unserer Erfahrung liegt, über sie hinausgeht, ist transzendental dagegen das, was unserer Erkenntnis vorausgeht und sie überhaupt erst ermöglicht. Kant hat mehrere Bücher gebraucht, um seine Transzendentalphilosophie in aller Tiefe, Breite und Differenziertheit darzulegen. Die wenigen folgenden Zeilen bitte ich also, nicht mit dem Studium von Kants Philosophie zu verwechseln; es geht lediglich darum, grob und vereinfacht die zentralen Ergebnisse und Konsequenzen vorzustellen, damit nachvollziehbar wird, woran sich Schopenhauers Metaphysik anschloß.

Die Bedingungen unserer Erfahrung sind Erkenntnisse a priori, was bedeutet, daß diese Erkenntnisse uns vor bzw. unabhängig von unserer Erfahrung gegeben sind. Unsere Anschauungen enthalten verschiedene Elemente. A posteriori sind solche Erkenntnisse, die erst nach bzw. durch die Erfahrung hinzukommen. Zu diesen Elementen gehört zum einen alles, was der Verstand erst später, nach einer Anschauung und auf sie begründet, denkt und zu Begriffen zusammenfügt, und zum anderen alles, was vorher im Zuge der Empfindung, auf der die Anschauung basiert, als Sinnesreize hinzugefügt worden ist. Kant nahm nun alle diese Zutaten, die a posteriori zu einer Anschauung beitragen, aus der Anschauung heraus, um das herauszuschälen, was der Anschauung als Erkenntnisse a priori vorausgeht. Übrig bleibt, was Kant die reinen Formen der Erscheinung nannte, und diese sind Raum und Zeit. Diese Formen sind das, worüber die Sinnlichkeit erkennender Wesen vor der Erfahrung verfügt: *„Wenn man von den empirischen Anschauungen der Körper und ihrer Veränderungen (Bewegung) alles Empirische, nämlich was zur Empfindung gehört, wegläßt, so bleiben noch Raum und Zeit übrig, welche also reine Anschauungen sind, die jenen a priori zum Grunde liegen, und daher selbst niemals weggelassen werden können, aber eben dadurch, daß sie reine Anschauungen a priori sind, beweisen, daß sie bloße Formen unserer Sinnlichkeit sind, die vor aller empirischen Anschauung, d. i. der Wahrnehmung wirklicher Gegenstände, vorgehen müssen.“* (Immanuel Kant)

Um andere Dinge als außerhalb von uns selbst anschauen zu können, verfügen wir über den Raum als äußeren Sinn. Den Raum erkennen wir nicht erst durch die Erfahrung, sondern der Raum ist bereits in uns, in unseren Köpfen, und geht jeder Anschauung als Bedingung voraus. Daß wir Dinge im Raum erkennen, ist also nicht in den Erscheinungen begründet, sondern ihre Erscheinung, ja daß wir sie überhaupt anschauen können, ist abhängig vom Raum, den wir a priori bereits erkennen. Also ist der Raum kein Attribut der Dinge an sich, wie sie unabhängig von unserer Vorstellung sind, sondern lediglich eine Form der Erscheinungen, die unsere Sinnlichkeit als Erkenntnis a priori in die Anschauung einbringt. *„Wir können demnach nur aus dem Standpunkte eines Menschen vom Raum, von ausgedehnten Wesen etc. reden."* (Immanuel Kant) Die Zeit, die andere reine Form der Erscheinung, ist der innere Sinn, mit dem wir uns auch selbst innerlich betrachten. Auch die Zeit ist keine Eigenschaft der Dinge, die wir durch Anschauung erkennen; sie liegt, wie der Raum, bereits vor jeder Wahrnehmung, a priori, in unserem Erkenntnisapparat bereit. Raum und Zeit werden nicht empirisch wahrgenommen, sie sind die Bedingungen aller Erfahrungen, ohne sie wäre keine Anschauung möglich. Der Raum baut die Gegenstände unserer Erkenntnis nebeneinander auf, die Zeit nacheinander. Erst damit wird es überhaupt möglich, die Mannigfaltigkeit von Gegenständen und diese in ihrer Beziehung zueinander zu erkennen. Wenngleich notwendig, als Voraussetzungen unserer anschaulichen Vorstellungen, sind Raum und Zeit außerhalb unseres erkennenden Intellekts gar nicht.

Zu Zeit und Raum als reinen Formen der Erscheinung gesellt sich in unserem Erkenntnisvermögen noch eine weitere Fähigkeit, über die wir a priori verfügen müssen. Ohne sie wären die unzählbaren Wahrnehmungen, die wir pausenlos nacheinander haben, bloß ein Strom einzelner Erscheinungen, die nicht miteinander verbunden, ohne Zusammenhang blieben. Unser Verstand muß also in der Lage sein, die ungezählten, zunächst getrennten Einzelerscheinungen zu einer verbundenen Erfahrung in einer Synthese zusammenzufügen. Diese Fähigkeit, über die wir vor jeder Erfahrung verfügen, ist die Einheit des Bewußtseins. Darin ist jedes erkennende Wesen immer dasselbe, das denkt. *„Denn dieses e i n e Bewußtsein ist es, was das Mannigfaltige, nach und nach Angeschaute, und denn auch Reproduzierte, in eine Vorstellung vereinigt."* (Immanuel Kant) Die Einheit des Bewußtseins ist ohne Zweifel gewiß. *„Dies Prinzip steht a priori fest, und kann das t r a n s z e n d e n t a l e P r i n z i p d e r E i n h e i t alles Mannigfaltigen unse-*

rer Vorstellungen (mithin auch in der Anschauung) heißen." (Immanuel Kant)

Für alle anderen Erkenntnisse, die erst durch die Erfahrung gemacht werden, gilt das nicht. Die Transzendentalphilosophie von Kant hat gravierende Folgen: Jede Anschauung ist bloß eine Vorstellung unseres Intellekts, die durch den Verstand nach vorgegebenen Regeln gesetzmäßig errichtet wird. Diese Regeln unseres Erkenntnisvermögens richten sich nicht nach den Naturgesetzen, sondern die Naturgesetze folgen den Regeln unseres Intellekts. „*Es sind viele Gesetze der Natur, die wir nur vermittelst der Erfahrung wissen können, aber die Gesetzmäßigkeit in Verknüpfung der Erscheinungen, d. i. die Natur überhaupt, können wir durch keine Erfahrung kennen lernen, weil Erfahrung selbst solcher Gesetze bedarf, die ihrer Möglichkeit a priori zum Grunde liegen.*" (Immanuel Kant) Anders gesagt und auf den Punkt gebracht, gegen jede Selbstüberschätzung der empirischen Naturwissenschaften: „*Der Verstand schöpft seine Gesetze (a priori) nicht aus der Natur, sondern schreibt sie dieser vor.*" (Immanuel Kant)

Die Konsequenz aus Kants transzendentaler Erkenntnistheorie ist der philosophische Idealismus, der erkannt hat, daß alle Erscheinungen, alle Gegenstände und Veränderungen, so wie wir sie erkennen, lediglich in unseren Köpfen Realität besitzen, nicht außerhalb davon, nicht unabhängig von erkennenden Subjekten. „*Wir haben in der transzendentalen Ästhetik hinreichend bewiesen: daß alles, was im Raume oder der Zeit angeschauet wird, mithin alle Gegenstände einer uns möglichen Erfahrung, nichts als Erscheinungen, d. i. bloße Vorstellungen sind, die, so wie sie vorgestellt werden, als ausgedehnte Wesen, oder Reihen von Veränderungen, außer unseren Gedanken keine an sich gegründete Existenz haben. Diesen Lehrbegriff nenne ich den transzendentalen Idealism.*" (Immanuel Kant)

Alle Erscheinungen, wenngleich auf empirischen Daten durch Sinnesreize basierend, existieren nur in uns, als Erzeugnisse der sinnlichen Wahrnehmungen, die auf die a priori gegebenen Formen der Erkenntnis in unserem Verstand treffen. Etwas anderes als Erscheinungen können wir nicht anschauen: „*Es sind uns Dinge als außer uns befindliche Gegenstände unserer Sinne gegeben, allein von dem, was sie an sich selbst sein mögen, wissen wir nichts, sondern kennen nur ihre Erscheinungen, d. i. die Vorstellungen, die sie in uns wirken, indem sie unsere Sinne af-*

fizieren.“ (Immanuel Kant) Raum und Zeit ohne sinnliche Wahrnehmung würden leer bleiben, insofern sind die von uns angeschauten Gegenstände und Veränderungen durchaus wirklich, auch außerhalb von uns; aber so, wie wir sie alleine anschauen können, sind sie immer bloß als Erscheinungen in unserem Kopf, nie unabhängig von einem erkennenden Subjekt. „*Unter einem Idealisten muß man also nicht denjenigen verstehen, der das Dasein äußerer Gegenstände der Sinne leugnet, sondern der nur nicht einräumt: daß es durch unmittelbare Wahrnehmung erkannt werde, daraus aber schließt, daß wir ihrer Wirklichkeit durch alle mögliche Erfahrung niemals völlig gewiß werden können.*“ (Immanuel Kant)

Daß Raum und Zeit nur a priori gegebene Vorstellungen in unserem Erkenntnisvermögen sind, außerdem die Unterscheidung von Ding an sich und Erscheinung, das ist der Kern von Kants Transzendentalphilosophie, womit dieser notwendige Exkurs nun langsam überleitet zu dem für uns relevanten Aspekt der Ergebnisse. Denn am Ende blieb das Ding an sich als Mysterium übrig. „*Nun sind aber diese Erscheinungen nicht Dinge an sich selbst, sondern selbst nur Vorstellungen, die wiederum ihren Gegenstand haben, der also von uns nicht mehr angeschaut werden kann, und daher der nichtempirische, d. i. transzendentale Gegenstand = X genannt werden mag.*“ (Immanuel Kant) Dieses X muß es geben, es ist selbst transzendental, also Voraussetzung einer Erscheinung, aber wir können nicht wissen, was es außerhalb unserer Anschauung, wie es beschaffen ist. Allein mit Hilfe unserer Sinne können wir das nicht erkennen.

Damit, nachdem er die Idealität der Welt erkannt und die Beschränktheit der Sinneswahrnehmungen offengelegt hatte, verschloß Kant vorläufig die Tür zum Verständnis des inneren Wesens der Welt, weil es jenseits unserer sinnlichen Wahrnehmung liege; er animierte aber durchaus dazu, weiter danach zu suchen. „*Das in sich selbst ganz und gar nicht gegründete, sondern stets bedingte, Dasein der Erscheinungen fodert uns auf: uns nach etwas von allen Erscheinungen Unterschiedenem, mithin einem intelligibelen Gegenstande umzusehen*“ (Immanuel Kant). Intelligibel sind Dinge, die wir uns bloß denken können, ohne daß sich diese Vorstellung auf eine sinnliche Wahrnehmung zurückführen läßt. Ein intelligibles Ding ist also keine Erscheinung und nicht in der kausalen Reihe von Ursachen und Wirkungen eingeordnet.

*

Mit ein wenig Geduld und Konzentration ist es im Grunde jedem möglich, die Einsichten des philosophischen Idealismus nachzuvollziehen. Trotzdem haben Kants und später Schopenhauers Ergebnisse es nie wirklich geschafft, in die große Menge der Köpfe Einzug zu halten. Die Hürde, die der Idealismus zu nehmen hat, ist dabei gar nicht der Anspruch, seinen unbestreitbaren Argumenten zu folgen. Die grundlegenden Hauptsätze des philosophischen Idealismus und ihre Belege kann man ja, wie ich es hier unternehme, in wenigen Absätzen umreißen. Das Hindernis, das die Durchsetzung des Idealismus als eingestandene Erkenntnis vereitelt, ist der Eklat, den er erzeugt, das Niederreißen aller vertrauten Irrtümer. Richtig aufgefaßt, sagt der Idealismus: Die Welt ist nicht so, wie wir sie mit unseren Sinnen wahrnehmen. Die erkannte Welt ist nur Erscheinung in unseren Köpfen, das Reale können wir nicht erkennen. *„Dies ist das Problem, und in Folge desselben ist (…) das Hauptbestreben der Philosophen, das Ideale, d. h. Das, was unserer Erkenntniß allein und als solcher angehört, von dem Realen, d. h. dem unabhängig von ihr Vorhandenen, rein zu sondern, durch einen in der rechten Linie wohlgeführten Schnitt“* (Arthur Schopenhauer).

Aber was das Reale ist, war durch Kant noch nicht geklärt. Kants Aufforderung an seine Nachfolger, das Rätsel des unbekannten X zu lösen, wurde das Unterfangen, das sich Schopenhauer anschließend als Aufgabe vorsetzte. Zunächst einmal schloß sich Schopenhauer den wichtigsten Lehrsätzen von Kant über die Idealität der Welt an, um sie dann um maßgebliche Erkenntnisse zu erweitern. Das Hauptwerk Schopenhauers *„Die Welt als Wille und Vorstellung“* beginnt mit dem pointierten Grundsatz: *„Die Welt ist meine Vorstellung“* (Arthur Schopenhauer). Jedes Ding, das erkannt wird, kann nur erkannt werden, weil es ein Objekt für ein Subjekt ist. Das Subjekt wiederum erkennt alles, kann selbst jedoch nicht erkannt werden. *„Es ist sonach der Träger der Welt, die durchgängige, stets vorausgesetzte Bedingung alles Erscheinenden, alles Objekts: denn nur für das Subjekt ist, was nur immer da ist.“* (Arthur Schopenhauer) Beide, Subjekt wie Objekt, sind unverzichtbar, ohne sie ist keine Vorstellung möglich. *„Sie begränzen sich unmittelbar: wo das Objekt anfängt, hört das Subjekt auf.“* (Arthur Schopenhauer)

Neben Raum und Zeit, die Kant bereits bestimmt hatte, setzte Schopenhauer auch Kausalität als eine Erkenntnis a priori voraus, die in jedem Subjekt als Bedingung der Tätigkeit des Verstandes bereitliegt. Raum, Zeit und Kausalität sind die Formen der Anschauung. Ohren,

Augen, die Nase, die Haut oder der Gaumen – kein Sinnesorgan kann ohne den Verstand eine Anschauung generieren. Die Sinnesorgane empfangen lediglich Reize, die dem Verstand als zwar notwendige Informationen dienen, jedoch erst durch die Tätigkeit des Verstandes zu Anschauungen aufbereitet werden. Dabei führt der Verstand den Reiz der Sinnesorgane auf seine Ursache zurück. Das Gesetz der Kausalität wird also nicht erst durch eine Anschauung in der Natur erkannt, sondern die Kausalität liegt als unverzichtbare Voraussetzung aller Anschauungen bereits vorher im Erkenntnisvermögen bereit. Der Verstand, dem das grundlegende Verhältnis von Ursache und Wirkung bereits bekannt ist, erkennt den kausalen Zusammenhang. „*Aber wie mit dem Eintritt der Sonne die sichtbare Welt dasteht; so verwandelt der Verstand mit einem Schlage, durch seine einzige, einfache Funktion, die dumpfe, nichtssagende Empfindung in Anschauung. Was das Auge, das Ohr, die Hand empfindet, ist nicht die Anschauung: es sind bloße Data. Erst indem der Verstand von der Wirkung auf die Ursache übergeht, steht die Welt da, als Anschauung im Raume ausgebreitet, der Gestalt nach wechselnd, der Materie nach durch alle Zeit beharrend: denn er vereinigt Raum und Zeit in der Vorstellung Materie, d.i. Wirksamkeit. Diese Welt als Vorstellung ist, wie nur durch den Verstand, auch nur für den Verstand da.*“ (Arthur Schopenhauer)

Als Vorstellungen sind die Dinge nur Erscheinungen. Das Ding an sich, das innere Wesen der Gegenstände, kann in der Kette der Kausalität nie angetroffen werden. Jede Erklärung geht immer nur auf weitere Objekte, die selbst bloß Erscheinungen, also bedingt und nur relativ gewiß sind, abhängig von dem Verstand, der sie erkennt. Als Erscheinung bleibt das Ding an sich stets eine unbekannte Größe. „*Wir sehen schon hier, daß von außen dem Wesen der Dinge nimmermehr beizukommen ist: wie immer man auch forschen mag, so gewinnt man nichts, als Bilder und Namen.*“ (Arthur Schopenhauer) Allerdings ist die Welt als Vorstellung unvollständig, sie läßt uns bloß die Hälfte der Wahrheit sehen. Hier darf die Philosophie nicht stehenbleiben und aufgeben, als ob sie am Ende ist. „*Diese gänzliche und durchgängige Relativität der Welt als Vorstellung (…) weist uns, wie gesagt, darauf hin, das innerste Wesen der Welt in einer ganz andern, von der Vorstellung durchaus verschiedenen Seite derselben zu suchen*“ (Arthur Schopenhauer).

Alle Objekte, die außerhalb von ihm selbst liegen, kann das Subjekt nur als Erscheinungen vorstellen. Das innerste Wesen der Welt können wir daher nur entdecken, wenn wir einen anderen, gleichsam versteckten Zugang zu ihm finden. „*Daß wir zum Dinge an sich selbst, d. i. dem überhaupt auch außer der Vorstellung Existirenden, nicht auf dem Wege der Vorstellung gelangen können, sondern dazu einen ganz andern, durch das Innere der Dinge führenden Weg, der uns gleichsam durch Verrath die Festung öffnet, einschlagen müssen, habe ich durch mein Hauptwerk dargethan.*" (Arthur Schopenhauer) Das ist allerdings möglich, wenn auch nur in einem einzigen Fall, bei dem das Subjekt und das Objekt identisch sind, nämlich wenn ein Mensch sich selbst betrachtet. Der Mensch ist nämlich nicht bloß ein Subjekt der Erkenntnis, ebenso ist er ein Leib, ein in Raum und Zeit ausgebreitetes Ding. Sein Körper ist dem Menschen auf zweifache Art bewußt. Zum einen ist der eigene Körper eine Vorstellung wie andere auch, ein Objekt unter vielen in Raum und Zeit, das wie alle Objekte der Kausalität gehorcht. Zum anderen verfügt der Mensch noch anders, nämlich unmittelbar, ohne Umweg über den Verstand, über eine Erkenntnis seines Körpers. Dadurch kann er das Agieren seines Leibes entschlüsseln, ein Zugang, den jeder Mensch nur zu seinem eigenen Körper hat. Was dieser Körper tut, ist dem Menschen nicht nur Erscheinung. Er erkennt seinen Leib nicht bloß wie ein Subjekt, das ein Objekt lediglich von außen betrachtet. „*Vielmehr ist dem als Individuum erscheinenden Subjekt des Erkennens das Wort des Räthsels gegeben: und dieses Wort heißt Wille. Dieses, und dieses allein, giebt ihm den Schlüssel zu seiner eigenen Erscheinung, offenbart ihm die Bedeutung, zeigt ihm das innere Getriebe seines Wesens, seines Thuns, seiner Bewegungen. (...) Jeder wahre Akt seines Willens ist sofort und unausbleiblich auch eine Bewegung seines Leibes: er kann den Akt nicht wirklich wollen, ohne zugleich wahrzunehmen, daß er als Bewegung des Leibes erscheint.*" (Arthur Schopenhauer)

Außerdem bemerkt das Subjekt in diesem einzigen Fall jeden Effekt, der auf den Körper wirkt, unverzüglich und direkt als etwas, das als Leid oder Wohl den Willen affiziert, weil das erkennende und das wollende Subjekt ausnahmsweise eins sind. „*So ist es uns nunmehr deutlich geworden, (...) daß eben diese doppelte Erkenntniß, die wir vom eigenen Leibe haben, uns über ihn selbst, über sein Wirken und Bewegen auf Motive, wie auch über sein Leiden durch äußere Einwirkung, mit Einem Wort, über das, was er, nicht als Vorstellung, sondern außerdem, also an sich ist, denjenigen Aufschluß giebt, welchen wir über das Wesen, Wirken und Leiden aller andern realen Objekte unmittelbar nicht haben.*" (Arthur Schopenhauer) Der Begriff des Willens muß in diesem philosophischen Zusammenhang richtig aufgefaßt werden, nicht (nur) als das bewußte Wollen eines Menschen, das sich dann in seinem vorsätzlichen Handeln ausdrückt, sondern als alles, was den Körper, seine Teile und Organe antreibt, die Funktionen etwa der Zähne oder Hände, aber auch bei unwillkürlichen Tätigkeiten wie der Verdauung. Sogar daß der Körper überhaupt da ist, ist eben Wille oder Objektivation des Willens zum Leben. „*Mein Leib und mein Wille sind Eines*" (Arthur Schopenhauer).

In uns liegt die ganze Welt, aber nicht nur die äußere Seite der Welt als Vorstellung, also die Gegenstände, die wir nur als Erscheinungen erkennen können. Als erkennende und wollende Subjekte bringen wir auch selbst den Schlüssel mit, der uns die Tür zum Verständnis des Wesens der Welt aufschließt; wir selbst sind ja dieses Wesen. Indem wir als Subjekte einmal unsere Beobachtung von Objekten unterbrechen, die außerhalb von uns liegen, und uns selbst von innen anschauen, überspringen wir die Scheidelinie zwischen Subjekt und Objekt und bekommen, direkt und unvermittelt, einen Anblick des Dinges an sich, das wir selbst sind. Ausgehend von dieser Selbsterkenntnis des Willens im Subjekt, das sich auf diese Weise als Objekt und als Ding an sich erfahren kann, lassen sich nun alle Erscheinungen außerhalb von uns dechiffrieren, indem wir die Erkenntnis des Willens zum Leben in uns selbst analog auf alle Dinge in der Natur anwenden. Alle Gegenstände, die wir gewöhnlich nur als Objekte anschauen, müssen, neben ihrem Auftreten in unserer Vorstellung, noch eine eigenständige Existenz haben, die nicht von den Bedingungen unseres Erkenntnisvermögens abhängt, die wir also mit unseren Sinnen nicht erfassen können. Von dem Wesen dieser anderen Existenz der Dinge müssen wir vermuten, daß es genau das ist, was wir in uns selbst als Wille erkannt haben, da uns außer unserer Vorstellung nichts anderes zugänglich ist als eben dieser Wille.

Um das zu verstehen, müssen wir die Erscheinungen der Dinge trennen von dem, was sie an sich sind. Vordergründig unterscheidet sich zwar die Schwerkraft, die sich in einem Felsbrocken darstellt, wie überhaupt alle Naturkräfte, oder die Festigkeit von Stoffen, von den Begierden eines Menschen; gleichwohl stellt sich in diesen Phänomenen doch nichts anderes dar als eben das, was wir als Wille in uns selbst unmittelbar vernehmen: „*Wer, sage ich, mit mir diese Ueberzeugung gewonnen hat, dem wird sie, ganz von selbst, der Schlüssel werden zur Erkenntniß des innersten Wesens der gesammten Natur (...) Ding an sich aber ist allein der Wille: (...) Er ist das Innerste, der Kern jedes Einzelnen und ebenso des Ganzen: er erscheint in jeder blindwirkenden Naturkraft: er auch erscheint im überlegten Handeln des Menschen; welcher beiden große Verschiedenheit doch nur den Grad des Erscheinens, nicht das Wesen des Erscheinenden trifft.*" (Arthur Schopenhauer)

Trotz aller Unterschiede in seinen Erscheinungen gibt es nur einen Willen, der als das Wesen der gesamten Welt in allen Dingen einheitlich und derselbe ist. Als Ding an sich, das gar nicht vom Verstand erkannt werden kann, ist der Wille außerhalb von Raum und Zeit und ohne Vielheit. Nur seine Erscheinungen sind unzählbare Individuen, die in Raum und Zeit auseinandergezogen als einzelne Dinge vorgestellt werden. Der Wille ist ganz und ungeteilt in einer Pflanze wie in tausenden, in Tieren wie in Metallen. Dabei verfolgt der Wille kein bestimmtes Ziel; er ist blind, wenngleich er in Tieren und Menschen zwar von Erkenntnis begleitet, aber nicht durch Erkenntnis angeleitet wird, und er ist gewaltig, unaufhaltsam, beharrlich. Der Wille strebt ohne Ende, ohne bestimmtes Ziel, ohne Grenzen und ohne einen letztlichen Zweck. *„Jedes erreichte Ziel ist wieder Anfang einer neuen Laufbahn, und so ins Unendliche. (...) Diesem allen zufolge, weiß der Wille, wo ihn Erkenntniß beleuchtet, stets was er jetzt, was er hier will; nie aber was er überhaupt will: jeder einzelne Akt hat einen Zweck; das gesammte Wollen keinen*" (Arthur Schopenhauer).

*

Schopenhauers Philosophie war der große Durchbruch, dank dem wir das Wesen der Welt, das auch unser eigenes Wesen ist, dechiffrieren können, nicht mehr nur abstrakt oder poetisch benennen, sondern eben auch erkennen und fassen können. Die analoge Übertragung der Selbsterkenntnis des Willens als Ding an sich auf andere Dinge ist plausibel und folgerichtig. Indem wir dann von den spezifisch animalischen Ausprägungen des Willens abstrahieren, hilft uns diese Übertragung, noch besser zu verstehen, was den Willen zum Leben im Kern ausmacht. Dies wiederum ist der Schlüssel zum Verständnis unserer Angst vor dem Tod, die in eben jenem Willen zum Leben, und in nichts anderem, gegründet ist. Was ich dagegen für falsch und irreführend halte, ist die Benennung des Wesens der Welt, und damit des Wesens aller Dinge in ihr, alleine als Wille zum Leben. Schopenhauer ging soweit, wirklich allem einen Willen zum Leben zu unterstellen. „*Alles drängt und treibt zum Daseyn, wo möglich zum organischen, d. i. zum Leben, und danach zur möglichsten Steigerung desselben*“ (Arthur Schopenhauer). Konsequenterweise müßte man hierzu auch den letzten Krümel in einer fernen Galaxie rechnen. Wir benötigen einen anderen Begriff, der tatsächlich alles umfaßt.

Der vermeintliche Urknall war bloß ein relativer Anfang des Universums. Davor, danach und für alle Zeiten, immer und an allen Orten, war, ist und wird eine Macht sein, die allumfassend und ewig ist, und ohne die weder der Urknall noch irgendetwas anderes je hätte geschehen können. In allen Erscheinungen, in allen Gegenständen und allen Veränderungen, zeigt sich diese nie ermüdende Kraft immer wieder aufs Neue. Dieses allgegenwärtige Wesen ist der grundlose, unbedingte, nie entstandene und nie endende, ewige Treibstoff aller Erscheinungen in der Welt. Diese Macht, soweit sie über Tiere und Menschen hinausgeht und alles erfaßt, die lebenden Wesen eingeschlossen, habe ich daher an anderer Stelle ausdrücklich nicht mehr den Willen zum Leben genannt, sondern die universale Urkraft und sie näher charakterisiert als den blinden, ewig fordernden Drang, zu sein und zu wirken. Alles, was ist, ob Staub oder Tier, hat den Drang, zu sein, sonst wäre es nicht, daher dies ein zentrales Merkmal der universalen Urkraft ist. Ebenso hat alles den Drang, zu wirken, weshalb auf Reize und Motive unablässig Veränderungen in der Welt vorgehen. Schließlich hat alles den Drang, zu fordern; wie schon die Luft Raum einzunehmen oder das Wasser die Luft zu verdrängen strebt, so begehrt der Mensch, zunächst seine Bedürfnisse zu befriedigen und daraufhin allerlei maßlosen Überfluß.

Natürlich hatte Schopenhauer gewichtige Argumente, die Formel der Welt zunächst in einem Wort zu verdichten, nämlich in dem Begriff des Willens. Die Ergebnisse der empirischen Wissenschaften enden immer an einer vorläufig letzten Ursache, die sie nicht mehr erklären können. Auch Kant konnte über dieses unbekannte X am Schluß nicht hinaus und erklärte kurzerhand, es sei weder erreichbar noch irgendwie erkennbar. Durch die Erkenntnis des Willens zum Leben, als das Ding an sich im erkennenden Subjekt, führte Schopenhauer das bis dato Unerkannte auf etwas zurück, das uns unmittelbar bekannt und vertraut ist. Auf diese Weise erfüllte er auch seine eigene Anforderung an Erkenntnisse, daß sie auf Anschauungen basieren müssen und keine Jonglage mit inhaltslosen, abstrakten Floskeln sein dürfen. „*Nun aber bezeichnet das Wort Wille, welches uns, wie ein Zauberwort, das innerste Wesen jedes Dinges in der Natur aufschließen soll, keineswegs eine unbekannte Größe, ein durch Schlüsse erreichtes Etwas; sondern ein durchaus unmittelbar Erkanntes und so sehr Bekanntes, daß wir, was Wille sei, viel besser wissen und verstehen, als sonst irgend etwas, was immer es auch sei.*" (Arthur Schopenhauer)

Allerdings ist des Menschen Wille zum Leben selbst nur Erscheinung, so wie es auch alle Naturkräfte sind; nur ganz allgemeine Anteile des Willens zum Leben im Menschen zeichnen auch das innerste Wesen aller anderen Dinge aus, die in unserer Vorstellung auftreten. Wie jedes Tier will der Mensch leben, er will atmen, essen und trinken, er will sehen, betasten und begehrt darüber hinaus vieles Mögliche und auch Unmögliche mehr. Ein Staubkorn will das nicht, ebensowenig wie ein Wassertropfen. Schopenhauer selbst generalisierte die besonderen Darstellungen des Willens zum Leben im Menschen hin zu einer höheren Ebene, zu einer allgemeinen Erklärung, was den Willen in allen Dingen ausmacht: „*In der That gehört Abwesenheit alles Zieles, aller Gränzen, zum Wesen des Willens an sich, der ein endloses Streben ist. (...) ewiges Werden, endloser Fluß, gehört zur Offenbarung des Wesens des Willens.*" (Arthur Schopenhauer) Und an anderer Stelle betonte er, „*daß dieser Wille, als das alleinige Ding an sich, das allein wahrhaft Reale, allein Ursprüngliche und Metaphysische, in einer Welt, wo alles Uebrige nur Erscheinung, d. h. bloße Vorstellung, ist, jedem Dinge, was immer es auch seyn mag, die Kraft verleiht, vermöge deren es daseyn und wirken kann*" (Arthur Schopenhauer).

Genau dies sind tatsächlich die allgemeinen, charakteristischen Attribute des einheitlichen Wesens aller Dinge, egal ob im Menschen oder im Löwen, im Grashalm oder im Wassertropfen, in einem Staubkorn auf dem Mond oder in dem Feuer der Sonne. Um diese einheitlichen Eigenschaften des Wesens aller Dinge erkennen zu können, müssen wir von dem Willen zum Leben alle Zutaten wegnehmen, die lediglich im Menschen (und im Tier) anzutreffen sind. In allen anderen Dingen vermerken wir Äquivalente des Willens zum Leben. So können wir, dank Schopenhauer auf eine Anschauung aufbauend, die universale Urkraft benennen als einheitliches Wesen in allen, belebten wie unbelebten Erscheinungen: den ewig fordernden Drang, zu sein und zu wirken, der sich in uns Menschen als der Wille zum Leben manifestiert.

Auch dieser Begriff ist nicht vollkommen, kann gar nicht vollkommen sein, da er etwas bezeichnen müßte, das sich nicht bezeichnen läßt, weil es, als das Ding an sich, unseren Sinnen und damit unserer Welt als Vorstellung ausweicht. Gleichwohl kennen wir es:

„Das, bis zu dem kein Aug' vordringt,
Nicht Rede und Gedanke nicht,
Bleibt unbekannt, und nicht sehn wir,
Wie einer es uns lehren mag!' /
Verschieden ist's vom Wißbaren,
Und doch darum nicht unbewußt!"
(Kena-Upanishad)

Im Hinblick auf unsere Frage nach der Angst vor dem Tod geht es natürlich nicht um die Schwerkraft in der Galaxie NGC 5033. Hier steht des Menschen Wille zum Leben im Mittelpunkt. Durch die Bestimmung des allgemeinen Wesens der Welt ist aber deutlich geworden, was ebenso den Willen zum Leben im Kern auszeichnet: Auch der Wille zum Leben ist der blinde, ewige Drang, zu sein, zu wirken und zu begehren. Die Erkenntnis des Willens als ein blinder, irrationaler, auch zerstörerischer Trieb ist das Verdienst von Schopenhauer allein. Denn es ist zwar nicht so, daß vor ihm niemand von dieser allumfassenden, übermächtigen Kraft wußte, im Gegenteil. Schopenhauer selbst knüpfte seine Philosophie durchaus an Weisheiten des Altertums an, in denen das Wesen der Welt, wie auch aller Dinge in ihr, als ewig, unzerstörbar und einheitlich begriffen wurde. Allerdings war vor Schopenhauer das Wesen der Welt ein hehres, quasi göttliches, verehrungswürdiges Prinzip gewesen.

So war es etwa in den Upanishaden. Sie sind die wohl wichtigsten philosophischen Schriften der alten Inder und gelten als eine Geheimlehre innerhalb der Veden, der religiösen Texte des Hinduismus. Die Upanishaden entstanden vor etwa zweieinhalb Jahrtausenden. In ihnen standen das Brahman, der ewige Urgrund allen Seins, und der Âtman als die innere Natur des Menschen, im Mittelpunkt. Beide sind unabhängig von Raum und Zeit, und unzerstörbar: *„Real, d. h. unvergänglich, ist das, welches, während Name, Ort, Zeit, Körper und Ursache vergehen, nicht mit vergeht."* (Sarva-Upanishat-Sâra) Brahman und Âtman sind identisch, der Âtman ist gewissermaßen das Wesen der Welt in einem Individuum: *„Unvergänglich, wahrlich, ist dieser Âtman, unzerstörbaren Wesens."* (Brihadâranyaka-Upanishad) Wir sehen hier schon frappierende Ähnlichkeiten mit den wesentlichen Merkmalen des ewigen, unvergänglichen Willens zum Leben. Auch der Monismus, die Zurückführung des gesamten Seins auf ein einziges, einheitliches Prinzip, zieht sich durch die Upanishaden. In der All-Einheit aller Dinge ist Vielheit nur Erscheinung, sie hat keine Realität und ist nur Trug. Einzig real sind das Brahman und der Âtman:

„Als Einheit soll man anschauen,
Unvergänglich, unwandelbar,
Ewig, nichtwerdend, nichtalternd,
Raumerhaben das große Selbst.“
(Brihadâranyaka-Upanishad)

Ähnlich alt sind die Erzählungen des Mahābhārata, das ebenfalls zu den philosophischen Schriften der alten Inder gezählt wird. Im Mahābhārata hat das unzerstörbare Lebensprinzip den Namen jiva; es ist, wie das Brahman, von ewiger Dauer. Wenn ein Leib stirbt und sich auflöst, geht der Lebensträger, prānin genannt, aus ihm heraus und in einen anderen Leib hinein. *„Nicht vergeht das in einen Körper hineingegangene Lebensprinzip, wenn der Körper zugrunde geht, sondern es ist wie das Feuer, wenn das Brennholz verbrannt ist.“* (Mahābhārata) Das Lebensprinzip jiva liegt in dem Âtman, dieser ist sowohl flüchtig als auch unauslöschlich in einem. *„Als vergängliche Natur ist er in allen Wesen, aber als das Göttliche, das Unsterbliche, ist er unvergänglich.“* (Mahābhārata)

Ein paar tausend Kilometer entfernt, in Griechenland, unwesentlich später, also ungefähr um die gleiche Zeit, verfaßte Platon seine philosophischen Schriften (und legte in den Dialogen seine eigenen Auffassungen oft seinem Lehrer Sokrates in den Mund). Ebenso wie die alten Inder, war auch der Grieche Platon davon überzeugt, daß hinter all dem Flüchtigen und allen Veränderungen etwas sein muß, das ewig und unzerstörbar ist. *„Die Idee des Lebens selbst wird wohl, wenn überhaupt etwas unsterblich ist, von jedem eingestanden werden, daß es niemals untergehe.“* (Sokrates, nach Platon) Platon schrieb von einer Kraft, die alles durchzieht, und die das Erscheinen aller Dinge in Raum und Zeit überhaupt erst ermöglicht. Diese unsichtbare Kraft können wir mit unseren Sinnen nicht wahrnehmen, doch nur sie ist das eigentlich Seiende. Alles andere, nämlich das, was wir erkennen können, hat kein wirkliches Sein, sondern nur ein bedingtes Dasein, weil es nur wird und vergeht, aber nicht tatsächlich ist. *„Durch dieses alles aber gehe ein* *anderes hindurch, vermittels dessen alles Werdende werde und welches also erst das rechte Gehende sei.*" (Sokrates, nach Platon) Rund 600 Jahre später formulierte Plotin, ein Anhänger Platons, die wesentlichen Erkenntnisse aus dessen Lehre noch einmal pointierter: „*Zuallererst müssen wir voraussetzen, dass dieses All ein einziges Lebewesen ist, das alle Lebewesen in ihm umfasst.*" (Plotin) Dieses allumfassende Wesen selbst läßt sich jedoch nicht anschauen. „*Was wir durch die sinnliche Wahrnehmung erkennen, ist ein Abbild der Sache*" (Plotin). Die Verschiedenheit der Dinge, die wir erkennen, liegt in dem beschränkten Erkenntnisvermögen begründet, nicht in den Dingen selbst. Ihr Wesen ist immer dasselbe. „*Wir sind also alles eins.*" (Plotin)

Vor etwa 2.000 Jahren vertrat dann auch Seneca die Auffassung, daß alles aus allem entsteht, alles in allem enthalten ist und alle erkennbaren Dinge kein reales Sein haben, sondern immer nur als Erscheinungen auftauchen und wieder verschwinden, da alle Anteile der Dinge lediglich in einem ununterbrochenen Austausch miteinander sind. Das, was der gesamten Welt zum Grunde liegt, beinhaltet schon alle folgenden, unaufhaltsamen Entwicklungen und alle Geschehnisse, die in der Welt eintreten werden. Seneca faßte das höchste Wesen zwar als einen Gott auf, den er Jupiter nannte. Darunter verstand Seneca jedoch nicht so sehr eine persönliche, bewußt und aktiv tätige Gottheit, sondern vielmehr eine „*Ursache der Ursachen*" (Seneca). Diese ist wie die Natur, der alles entspringt, oder wie das Universum, das als Ganzes auch in allen Teilen vorhanden ist. Wenn wir nicht die Bezeichnung, das Wort, sondern das damit Bezeichnete betrachten, dann ist darin kein nennenswerter Gegensatz mehr zu dem, was die Weisen des alten Indiens Brahman und Âtman nannten. Und wie die alten Inder war Seneca der Auffassung, daß man das Wesen der Welt allenfalls erahnen, aber nicht kennen kann: „*Was das ist, ohne das nichts ist, können wir nicht wissen*" (Seneca).

In den Upanishaden und im Mahābhārata, bei Platon und bei Plotin, bei Seneca und später bei Kant, in all diesen Vorläufern sehen wir Schopenhauers Formel von der Welt als Vorstellung und Wille schon im Keim vorhanden. Platon bezeichnete diese beiden Seiten der Welt in anderen Worten: „*Also diese beiden Arten hast du nun, das Denkbare und das Sichtbare*" (Sokrates, nach Platon). Allerdings, ähnlich wie die Inder, die das Brahman feierten, glorifizierte Platon das Wesen der Welt als verehrungswürdige Macht: „*Dieses also, was dem Erkennbaren die Wahrheit mitteilt und dem Erkennenden das Vermögen hergibt, sage, sei die Idee des Guten (…) Ebenso nun sage auch, daß dem Erkennbaren nicht nur das Erkanntwerden von dem Guten zukomme, sondern auch das Sein und Wesen habe es von ihm, obwohl das Gute selbst nicht das Sein ist, sondern noch über das Sein an Würde und Kraft hinausragt.“* (Sokrates, nach Platon) Bei allen Vorläufern, mit Ausnahme von Kant, wurde das Wesen der Welt und des Menschen als etwas Edles gefeiert.

Trotzdem – oder deswegen? – galt dieses innerste Wesen aller Dinge als nicht erkennbar. Kant, der die erkennenden Subjekte über die Bedingungen und Grenzen der Erkenntnis aufklärte, konnte das Wesen der Welt nicht entziffern, hatte allerdings auch gar nicht den Anspruch, diese Aufgabe zu erfüllen. Ausgehend von seiner Unterscheidung der Erscheinung und des Dinges an sich, führte dann Schopenhauer die Weisheiten des Altertums zusammen und verband sie mit dem Begriff des Willens. Dadurch wurde das Wesen der Welt, soweit es sich auch im Menschen darstellt, für das erkennende Subjekt zugänglich, und somit eine jahrtausendealte Suche der Philosophie abgeschlossen, in deren Verlauf das Wesen der Welt von unterschiedlichen Protagonisten auf eine allzeit ähnliche Art aufgefaßt worden war.

Ein maßgeblicher Gegensatz von Schopenhauer zu seinen Vorläufern fällt jedoch auf, nämlich die ethische Bewertung des Wesens der Welt. Schopenhauer hat die Schönrednerei über das höchste Sein desavouiert: Das Wesen der Welt, und also auch des Menschen, ist weder gut noch himmlisch, nicht anmutig und der Verehrung nicht wert. Der Wille ist blind und maßlos begehrend. Er schafft das Schöne und Gute ebenso wie das Böse, die Übel. Schopenhauer brach mit der naiven Verehrung des höchstens Wesens, weil es daran nichts zu bejubeln gibt. *„Das allerhöchste, allerrealste Sein, das metaphysische Wesen, auf das die Philosophen aus der wechselnden Welt der seienden Dinge den Blick richten, ist nicht zugleich das Gute.“* (Max Horkheimer) Vor Schopenhauer finden wir lediglich bei Seneca einen Anflug von Nüchternheit, als er den unermüdlichen Herrscher über unsere Sehnsüchte erwähnte: *„Nenne mir den, der wüßte, wie er dazu kam, zu wollen, was er will: nicht durch Überlegung, sondern durch einen gewissen ungestümen Trieb ist er dazu gedrängt worden.“* (Seneca)

Wir sehen also einerseits eine große Übereinstimmung von Schopenhauers Willensmetaphysik mit den Einsichten der alten Weisen, deren

Lektüre uns in der Überzeugung bekräftigt, daß Schopenhauer den Kern getroffen hat; andererseits haben wir dank Schopenhauer nicht nur einen Beleg durch eine schlüssige Ableitung erhalten, sondern auch einen präziseren Eindruck gewonnen, was den Willen als das Wesen aller Dinge auszeichnet. Einerseits ist der ewig fordernde Drang, zu sein und zu wirken, ohne Anfang und ohne Ende. Stets verschwinden nur die individuellen Erscheinungen von der Bühne der Vorstellung, auch wenn dabei gelegentlich eine ganze Gattung oder sogar ein Planet untergeht. Allerdings verschwindet dabei niemals das unzerstörbare Prinzip, das sich allezeit und allerorts in unzähligen anderen Erscheinungen darstellt. Andererseits ist der Wille eben, wie er ist, auch in jedem Einzelwesen, als Erscheinung darin endlich, da er hier in seiner Objektivation an die Zeit und ihre Vergänglichkeit gebunden ist.

Die Angst vor dem Tod, vor dem Nicht-Sein, ist nun im Grunde durch eine Ambivalenz des Willens bedingt. In einer Erscheinung verkörpert der Wille den Drang, sein zu wollen, weshalb in diesem Individuum die Angst vor der Zerstörung seiner Existenz aufwallt. Ebensowohl drängt der Wille danach, sich in einer nächsten und in vielen weiteren Erscheinungen zu objektivieren. Diese wiederum machen allen anderen Individuen Raum und Zeit streitig. Der Wille ist ja eben ein blinder und ewig fordernder Drang, kein freundliches, selbstgenügsames Prinzip. Das zeigt sich bereits in dem stetigen Kampf der gleichzeitigen Erscheinungen miteinander. Trotz seiner Einheitlichkeit, als metaphysisches Wesen, zeigt sich der Wille in seinen Erscheinungen als mit sich selbst entzweit. Jede individuelle Erscheinung kämpft um ihren Nutzen zum Nachteil anderer Individuen: Pflanzen absorbieren Wasser, Tiere verschlingen Pflanzen, Menschen fressen Tiere. *„So sehen wir in der Natur überall Streit, Kampf und Wechsel des Sieges, und werden eben darin weiterhin die dem Willen wesentliche Entzweiung mit sich selbst deutlicher erkennen."* (Arthur Schopenhauer)

Weil der Wille, obzwar unteilbar, sich in anderen Individuen nicht erkennt, greift er sich selbst in anderen Erscheinungen an. Das versteht nur, wer das Wesen der Welt als sowohl einheitlich als auch blind begriffen hat: *„Er sieht ein, daß die Verschiedenheit zwischen Dem, der das Leiden verhängt, und Dem, welcher es dulden muß, nur Phänomen ist und nicht das Ding an sich trifft, welches der in beiden lebende Wille ist, der hier, durch die an seinen Dienst gebundene Erkenntniß getäuscht, sich selbst verkennt, in* e i n e r *seiner Erscheinungen gesteigertes Wohl-*

seyn suchend, in der andern großes Leiden hervorbringt und so, im heftigen Drange, die Zähne in sein eigenes Fleisch schlägt, nicht wissend, daß er immer nur sich selbst verletzt (...) Der Quäler und der Gequälte sind Eines." (Arthur Schopenhauer)

Für unsere Frage nach der Angst vor dem Tod ist nun relevant, daß sich dieser Kampf des Willens zum Leben mit sich selbst ebenso darin darstellt, daß auch Erscheinungen, die nur potentiell sind, also noch werden müssen, mit existierenden Erscheinungen um die Materie und um den Platz in Raum und Zeit streiten. Daher kommt der notwendige Tod der Individuen, denn die einen müssen weichen, vergehen, damit die anderen werden können; daher kommt aber auch die Angst der jeweils existierenden Individuen, weil sie ja als Erscheinungen leben wollen, nicht begreifend, daß ihr Wesen unzerstörbar ist und sich in anderen Erscheinungen objektivieren wird.

Es ist natürlich nicht allein der Drang, zu sein, der Menschen umtreibt. Damit der Wille zum Leben noch etwas faßlicher wird, können wir ihn auch in den alltäglichen Erscheinungen erkennen, in denen er sich äußert. Vor allem anderen beschäftigen uns die alltäglichen Mühen zur Erhaltung unserer Existenz, Atmen, Essen und Trinken, Verdauen, Schlafen und was alles damit zusammenhängt, also die permanente Wiederherstellung unseres Körpers und unseres Geistes, außerdem die Vermeidung aller Verletzungen, Krankheiten und anderer Leiden, die das Wohl beschädigen. Ist dies alles zur Genüge eingerichtet, drängt uns der Trieb zur Fortpflanzung, zur Schaffung neuer Individuen, um die Gattung zu erhalten. Neben der bewußt gewollten Befriedigung eines Verlangens zeigt sich der Wille zum Leben auch in den zahllosen unwillkürlichen Tätigkeiten des Leibes, vom Blutkreislauf über den Stoffwechsel, die Kontraktion und Relaxation der Muskeln bis zum Feuern der Synapsen. Außerdem zeigt sich der Wille natürlich in den Begierden eines Menschen, in seinem Charakter und seinen Interessen, in den Neigungen und Abneigungen, den Leidenschaften und Vorurteilen. Das alles sind Äußerungen des Willens zum Leben, in ihnen stellt sich nichts anderes dar als eben jene Kraft, jenes Wesen, das uns auch die Angst vor dem Tod einbrockt. Und je heftiger das Verlangen und die Leidenschaften sich äußern, mit denen das Leben begehrt wird, auch je größer die Empfindsamkeit, desto kraftvoller ist der Wille, aber desto größer ist auch die Angst vor dem Tod. Die Angst vor dem Tod schwächt, hat allerdings auch Stärken zur Voraussetzung.

Der Prüfstein des Willens ist das Wohl des Individuums oder zumindest das, was es für sein Wohl hält. Anschauungen und Argumente helfen dagegen wenig, wenn sie die Sturheit des Willens nicht knacken können. Wie wir durch die Bemerkungen über die Einsicht erfahren haben, reicht etwas laue Überredung alleine noch gar nicht, um den Willen umzustimmen „*Dann freilich sind Gründe gegen den Willen angewandt, wie eine Saat auf kahlem Felsen gesäet, leichte Pfeile gegen einen Panzer gebraucht, der Sturmwind gegen den Lichtstraal, wie die Schläge eines bloßen Phantoms oder Gespenstes gegen feste Körper.*" (Arthur Schopenhauer) Gleichwohl bleibt uns nur die Macht der Vernunft, um uns Trieben und Ängsten entgegenzustemmen. Auch die Einwände gegen die Angst vor dem Tod müssen also mächtig sein, stärker als das blinde Streben des Willens, der nur durch Erkenntnisse wider sich selbst besänftigt werden kann, indem man ihm nachweist, daß das, was er verliert, vielleicht weniger wert ist als das, was er dafür bekommt. Oder indem man ihn überzeugt, daß er bloß zum Schein etwas verliert, das er begehrt, tatsächlich jedoch gar nicht aufgeben muß.

*

Der individuelle Wille zum Leben war der Ausgangspunkt, von dem aus Schopenhauer das Wesen der Welt bestimmte. Der Wille zum Leben ist das Wesen jedes Menschen, jedes Lebewesens sogar, aber eben auch unser eigenes individuelles Wesen, meines, Ihres und das aller Menschen, die wir kennen: der ewige, blinde Drang, zu sein, zu wirken und zu begehren. Wenn wir dieses verstanden haben, dann fällt es uns nun recht leicht, die Angst vor dem Tod zu verstehen.

Der Wille ist ein irrationaler und blinder Trieb, der einfach da ist, ohne den wir nicht wären, und der als Treibstoff unsere Existenz, unser Handeln, unsere Gedanken und Empfindungen, aber eben auch unsere Ängste bestimmt. Alles, was wir erkennen, was wir wissen, wird vor den Richterstuhl unseres Willens gezerrt und dort beurteilt. Wenn das blinde Streben des Willens zum Leben angefochten wird, dann wird das, was ihn herausfordert, verurteilt und wenn möglich bekämpft, oder es wird zur Grundlage unserer Ängste. Ein Mensch will leben, sonst wäre er nicht, er kann nicht anders; darum ist der Tod die größte Bedrohung, die er fürchtet. Dieser Wille zum Leben ist also das Fundament unserer Angst vor dem Tod – nicht weniger, aber auch nicht mehr als ein ewiger, blinder Trieb. So irrational wie der Trieb ist die

Angst, die er auslöst. Da die Angst vor dem Tod aber eben in einem Trieb gegründet ist, ist sie auch völlig normal, das heißt natürlich und jedem Lebewesen innewohnend. Mit Vernunft, mit der Tätigkeit des Intellekts, hat die Angst vor dem Tod nichts zu tun. Es ist nicht vernünftig, leben zu wollen, und es ist auch nicht vernünftig, Angst vor dem Tod zu haben.

Hätten unbelebte Dinge ein Bewußtsein, dann hätten auch sie diese Angst. Der Stein hätte Angst, zu Staub zu zerbröseln. Das Wasser hätte Angst, zu verdampfen. Das Metall hätte Angst, zu schmelzen. Und doch wäre diesen und allen anderen Dingen bewußt, daß sie darum doch nicht verschwinden. Das Metall würde wieder fest, nur in veränderter Form. Die Wasserstoffmoleküle und Sauerstoffatome würden an einem anderen Ort wieder als Wasser herabregnen. Und der Staub würde, wenn auch nicht mehr in dem vergangenen Stein, zum Grundstoff anderer Gegenstände.

Auch bei den Tieren ist die Angst vor dem Tod im Willen zum Leben begründet. Allerdings ist ihre Angst instinktiv und zumindest in den meisten von ihnen ohne Bewußtsein von der Endlichkeit ihrer Existenz. Bei den Menschen ist es im Grunde ähnlich, nur wissen wir, durch Erfahrung und Beobachtung, daß unsere Existenz vergänglich ist. Unsere Angst vor dem Tod ist also mittelbar auch ein Produkt des Wissens. Der Angst vor dem Tod geht die Erkenntnis voraus, daß andere Lebewesen sterben, woraus wir auf die Allgemeingültigkeit dieses Schicksals auch für uns selbst geschlossen haben. Das allein erklärt jedoch nicht, warum wir auf diese Erkenntnis mit Furcht reagieren. Anstatt mit Angst könnten wir ja auch mit Freude, mit Gleichgültigkeit oder Neugierde reagieren. *„Am Anfange (...) habe ich auseinandergesetzt, daß die große Anhänglichkeit an das Leben, oder vielmehr die Furcht vor dem Tode, keineswegs aus der Erkenntniß entspringt, in welchem Fall sie das Resultat des erkannten Werthes des Lebens seyn würde; sondern daß jene Todesfurcht ihre Wurzel unmittelbar im Willen hat, aus dessen ursprünglichem Wesen, in welchem er ohne Erkenntniß, und daher blinder Wille zum Leben ist, sie hervorgeht."* (Arthur Schopenhauer)

Wohl ist die abstrakte Erkenntnis unserer Sterblichkeit der Auslöser unserer Angst vor dem Nicht-Sein, doch wurzelt die Angst nicht in dieser Erkenntnis, die nur das Motiv ist, auf das der Wille zum Leben mit der Angst vor dem Tod reagiert. Erkenntnis an sich ist nicht das

Fundament unserer Ängste, im Gegenteil ist es ja alleine Erkenntnis, die für uns den Trost und alle Argumente gegen die Angst vor dem Tod bereithält. Schon die richtige Erkenntnis des Lebens kann, wie wir im nächsten Kapitel sehen werden, den Willen zum Leben trüben, abschwächen, sogar auflösen. Die Todesangst ist einzig in dem Willen zum Leben gegründet. „*In der That ist die Todesfurcht von aller Erkenntniß unabhängig: denn das Thier hat sie, obwohl es den Tod nicht kennt. Alles, was geboren wird, bringt sie schon mit auf die Welt. Diese Todesfurcht a priori ist aber eben nur die Kehrseite des Willens zum Leben, welcher wir Alle ja sind.*" (Arthur Schopenhauer)

Im Übrigen beruht die Angst vor dem Tod auf einer Irreführung des Willens, insofern er gar nicht um sich selbst, sondern nur um seine Objektivation in einem Individuum bangt. „*Daß er in uns dennoch den Tod fürchtet, kommt daher, daß hier die Erkenntniß ihm sein Wesen bloß in der individuellen Erscheinung vorhält, woraus ihm die Täuschung entsteht, daß er mit dieser untergehe, etwan wie mein Bild im Spiegel, wenn man diesen zerschlägt, mit vernichtet zu werden scheint: Dieses also, als seinem ursprünglichen Wesen, welches blinder Drang nach Daseyn ist, zuwider, erfüllt ihn mit Abscheu.*" (Arthur Schopenhauer)

Die Angst vor dem Tod ist sehr speziell. Sonst fürchten wir uns vor Leiden, vor Schmerzen, vor Verlusten, die wir aus Beobachtung oder Erfahrung kennen. Solche Ängste sind also empirisch begründet, die Angst vor dem Tod dagegen ist Angst vor dem Nicht-Sein, vor etwas scheinbar Unbekanntem. Aber warum ängstigt uns das, was will der Wille in uns, dieser Trieb, der sich in all unseren Begierden ausdrückt, dieses ewige Wesen außerhalb von Raum und Zeit, das in unserer zeitlichen Erscheinung den größten Schrecken vor dem Untergang dieser Erscheinung auslöst? Kurz gesagt: Er will sein, und das unter allen Umständen. Wir wollen sein und fürchten das Nicht-Sein, denn nichts anderes ist der Wille zum Leben als zuvörderst, vor allen anderen Begierden, der Drang, zu sein.

Dabei verwechseln wir bereits das Leben mit dem Sein. Das Leben ist keineswegs das Sein, das, in einem philosophischen Sinne, Dauerhaftigkeit hätte. Das Leben ist nur ein Werden und Vergehen, wie wir in Kapitel V ausführlicher sehen werden. „*Das Leben läßt sich definiren als der Zustand eines Körpers, darin er, unter beständigem Wechsel der Materie, seine ihm wesentliche (substanzielle) Form allezeit behält.*"

(Arthur Schopenhauer) Diese Form aber ist vergänglich, ja eigentlich wandelt sie sich jede Sekunde. Das Nicht-Sein nach dem Tod zu fürchten und daher am Leben zu hängen, das doch gar kein Sein ist, sondern bloß flüchtige Form, Werden und Vergehen, kein Entstehen und Vernichtet-Werden, dies ist also der erste, der große Trug, dem wir aufgesessen sind, da wir alles nur als Erscheinung erkennen können in den Formen von Raum und Zeit.

Wir fürchten also den Tod, weil wir sein wollen und uns vor dem Nicht-Sein fürchten. Leicht vergessen wir dabei, daß die Angst vor dem Nicht-Sein voraussetzt, doch zu existieren, während wir Angst haben, weil wir ohne dieses Dasein gar keine Angst haben könnten. Die Angst vor dem Tod ist daher paradoxerweise auch Angst davor, keine Angst mehr haben zu können. Und sie ist, auf andere Art paradox, nur die Angst vor dem Nicht-Sein nach dem Tod, nicht vor der Geburt, wie wir bereits festgestellt haben. Beide Zustände sind identisch. Die Frage: Wer, was, wie werde ich nach meinem Tod sein? läßt keine andere Antwort zu als die Frage: *„Eine unendliche Zeit ist vor meiner Geburt abgelaufen; was war ich alle jene Zeit hindurch?“* (Arthur Schopenhauer) Wer die eine Frage beantworten kann, kennt auch die Lösung der anderen Frage, und umgekehrt. Da beide Zustände sich durch nichts unterscheiden, gibt es keinen Grund, sich vor dem Tod zu fürchten, wenn wir keine Angst davor haben, vor unserer Geburt nicht gewesen zu sein. *„Denn es ist unumstößlich gewiß, daß das Nichtseyn nach dem Tode nicht verschieden seyn kann von dem vor der Geburt, folglich auch nicht beklagenswerther. Eine ganze Unendlichkeit ist abgelaufen, als wir noch nicht waren: aber das betrübt uns keineswegs. Hingegen, daß nach dem momentanen Intermezzo eines ephemeren Daseyns eine zweite Unendlichkeit folgen sollte, in der wir nicht mehr seyn werden, finden wir hart, ja unerträglich.“* (Arthur Schopenhauer)

Manch ein weiser Kopf hat den Zustand des Nicht-Seins ohnehin dem Leben vorgezogen. Über die Gründe dafür wird im nächsten Kapitel kurz die Rede sein. Der Physiker und Philosoph Georg Christoph Lichtenberg war nicht der erste, und wird nicht der letzte bleiben, der dem Tod nicht bloß gelassen, sondern gleichgültig, fast freudig entgegen sah. *„Die wenigsten Menschen haben wohl recht über den Wert des Nichtseins gehörig nachgedacht. Unter Nichtsein nach dem Tode stelle ich mir den Zustand vor, in dem ich mich befand, ehe ich geboren ward.“* (Georg Christoph Lichtenberg) Auch wenn man nicht gleich die Freude auf den Tod teilt, und das können nur wenige, so kann man sich doch bewußt machen, daß die Angst vor dem Tod auf etwas gerichtet ist, das zu fürchten keinen Anlaß bietet. *„Soviel aber geht aus dem Gesagten hervor, daß über die Zeit, da man nicht mehr seyn wird, zu trauern, eben so absurd ist, als es seyn würde über die, da man noch nicht gewesen: denn es ist gleichgültig, ob die Zeit, welche unser Daseyn nicht füllt, zu der, welche es füllt, sich als Zukunft oder Vergangenheit verhalte."* (Arthur Schopenhauer)

Die Angst vor dem Tod ist nicht allein in einem irrationalen Trieb gegründet. Im Verborgenen ist die Angst noch mit etwas anderem verbunden, das irrational ist, weil es trotz aller Erkenntnisse, wegen der Widerstände des Willens, ohne Einsicht geblieben ist. Immer beinhaltet die Angst vor dem Tod unausgesprochen auch die Hoffnung auf ein ewiges Leben, da da Leben gewollt wird. In dieser Hoffnung liegt etwa die Begeisterung begründet, die die Vorstellung des Steins der Weisen auslöst, dieses mysteriösen Faszinosums, das Unsterblichkeit verspricht. Auch die Kryonik, das Einfrieren und Konservieren des Leichnams oder des Gehirns für Jahrhunderte, um den Körper eines Tages „aufzuwecken" und wieder leben zu lassen, wäre gar nicht denkbar ohne diese Hoffnung auf ewiges Leben. Wenn auch vielleicht nicht offen, so dürften doch viele Menschen insgeheim der Nutzung dieser beiden Optionen zustimmen, wenn sie denn möglich, realistisch und bezahlbar wären.

Wer Angst vor dem Tod hat, hofft, bewußt oder unbewußt, auf ein ewiges Leben, weil die Angst ohne diese Hoffnung kaum möglich wäre. Generell ist das Hoffen, ebenso wie die Angst, in dem Willen gegründet. Wenn ich etwas will, dann hoffe ich auch darauf, solange ich nicht durch Einsicht zu der erforderlichen Resignation gelange, die alleine den Willen besänftigen kann. Und umgekehrt: Nur wenn ich etwas nicht begehre, ist es mir auch möglich, nicht zu hoffen, daß es geschehen möge. Erst dann stehe ich der Entwicklung der Geschehnisse ohne Aufregung gegenüber, ohne Begierden, die nicht erfüllt, aber auch nicht frustriert werden können. Dieses Stadium ist ohne Hoffnung, aber genauso ohne Angst. *„Wen die Hoffnung, den hat auch die Furcht verlassen"* (Arthur Schopenhauer). Wer hofft, der will, und wer will, der hofft. Allein ohne Hoffnung erreichen wir vollkommene Gelassenheit, die oft erstrebte Seelenruhe, die keine Verzweiflung und kein Leiden daran mehr kennt.

Gleichmut fußt auf der Erkenntnis, daß jedes Wollen nichtig ist. Einzelne Begierden können befriedigt werden, das Begehren schlechthin bleibt erfolglos. Eine Begierde strebt danach, von Hoffnung angespornt, einen Mangel zu beheben, der, durch die Erfüllung des Verlangens, gleich durch den nächsten Mangel verdrängt wird, den es von nun an zu beheben gilt. Das nächste Streben, eine neue Begierde zu befriedigen, getrieben von der Erwartung, daß das Verlangen erfüllt werden kann, ist also wieder von Hoffnung begleitet; und so geht es immerfort. Wo eine Hoffnung erfüllt ist, steigt die nächste auf. So eilt der Mensch durch ein Hamsterrad der Hoffnungen und hofft, solange er atmet. Das Festhalten der Hoffnungen ist ein Synonym für das beständige Verlangen des Willens, das pausenlose Wollen, bei dem die Hoffnung lediglich eine Zutat ist, Enttäuschungen eingeschlossen, und immer wieder neue Begierden, die bloß einen Mangel ausdrücken, den zu beheben die Hoffnung verspricht. „*Hoffnung: sie ist in Wahrheit das übelste der Übel, weil sie die Qual der Menschen verlängert.*" (Friedrich Nietzsche)

Die Hoffnung hat zwei Gesichter. Die gewöhnliche Hoffnung, daß etwas eintreten möge, ist die positive Hoffnung: auf einen Gewinn im Roulette, auf eine Gehaltserhöhung, auf das Finden der großen Liebe. Hier ist das Hoffen die Aussicht darauf, daß eine Begierde befriedigt wird. Dabei ist das Begehren ein Sehnen, daß ein als leidvoll empfundener Mangel beseitigt wird. Der Mangel ist positiv, er ist da und soll behoben werden, die Hoffnung ermuntert den Willen zu all seinen Mühen. Die negative Hoffnung dagegen ist die subjektiv begründete Aussicht darauf, daß etwas nicht geschehen, ein befürchtetes Leiden nicht vorkommen möge. Noch ist es allerdings gar nicht da; es soll also nichts beseitigt werden, sondern bleiben, wie es ist. Die negative Hoffnung geht daher mit einem Zustand relativer Zufriedenheit einher.

Die Hoffnung, von der unsere Angst vor dem Tod begleitet wird, trägt beide Gesichter. Wir hoffen, negativ, daß der Tod nicht eintreten möge, und wir hoffen, positiv, ewig zu leben. Hoffnungen und Ängste verbindet ihr gemeinsamer Blick in die Zukunft, der die Gegenwart übersieht. Also ist es kaum überraschend, daß beide zusammen unser Bewußtsein kapern. „*Wie die nämliche Kette den Sträfling und den Wächter verbindet, so halten auch diese einander so unähnlichen Seelenregungen gleichen Schritt; die Hoffnung hat die Furcht zum Begleiter. Und ich wundere mich nicht über diesen Hergang. Beide sind Regungen eines schwan-*

kenden Gemütes, das beunruhigt ist durch den Blick in die Zukunft." (Seneca) Den Zusammenhang von Angst und Hoffnung haben nicht nur Seneca und Schopenhauer bemerkt. Auch der französische Adelige und Schriftsteller François de La Rochefoucauld schrieb im 17. Jahrhundert ganz treffend: „*Hoffnung und Furcht sind unzertrennlich, und es gibt keine Furcht ohne Hoffnung und keine Hoffnung ohne Furcht.*" (François de La Rochefoucauld)

Hoffnungen und Ängste blicken auf dieselben Erwartungen, nur aus entgegengesetzten Richtungen. Während eine Hoffnung darauf spekuliert, daß das, wovor wir uns ängstigen, verhindert wird, erwartet die Furcht, daß diese Hoffnung durchkreuzt wird. Auf diese Weise wird aber bloß die Gegenwart der Zukunft unterworfen. Von Hoffnungen und Ängsten verlassen sind nur die Ausnahmen, die den Willen zum Leben verneinen und resignieren. Dann haben diese wenigen Einzelnen auch keine Angst mehr vor dem Tod. Da wir ganz überwiegend keine Heiligen sind, keine sein werden und die meisten von uns auch keine werden wollen, werden wir die Angst vor dem Tod nicht ganz überwinden, und wir haben allen Anlaß, nach weiteren Einwänden gegen unsere Angst suchen.

III. Erlösung von dem Leiden

Der Tod trifft jedes Lebewesen. Diese Banalität hat schon etwas Tröstliches, das unsere Angst zu relativieren vermag: Der Tod wird sich alle Menschen holen und niemanden verschonen. Man mag sich daran stören, daß der eigene Sarg aus einfachem Holz, der eines Anderen aus Gold sein wird, an der Unvermeidbarkeit des Sterbens ändert dies nicht das Geringste. Ein Schicksal, das jeden ereilt, ist nichts, mit dem zu hadern es sich lohnt. *„Widerfährt dir eine nur dir allein persönlich geltende Unbill, so mache deinem Unwillen Luft; aber handelt es sich um die wohlbekannte, Hoch wie Niedrig unter ihr Joch beugende Notwendigkeit, so schließe deinen Frieden mit dem Schicksal, von dem alles ins Gleiche gebracht wird. Du darfst uns Menschen nicht schätzen nach den Grabhügeln und Monumenten, die, von den anderen sich abhebend, der Landstraße zum Schmucke gereichen: der Tod macht alle gleich.“* (Seneca) Dies ist erst einmal ein starker Trost, und wir sollten uns gelegentlich an ihm bedienen, wenn wir den Tod fürchten, während wir Andere um ihr Leben und das nach außen scheinende Glück beneiden. Das angenehmste, ja vielleicht glücklichste Leben, das einer führen kann, ist am Ende viel gewaltiger durch den Tod bedroht als jedes andere Leben, da es viel mehr aufzugeben gibt.

Der Neid ist allerdings ein schlechter, weil irreführender Ratgeber. Wenn wir uns in der Phantasie einbilden, wir würden tatsächlich das Leben eines Anderen führen mit allen Konsequenzen, dann werden wir rasch gewahr: Diese Illusion hat einen Preis, oft einen hohen, den wir zu zahlen hätten, wenn unsere Phantasie Wirklichkeit würde. Wer einen Anderen um etwas beneidet, muß willens sein, auch wirklich dessen Leben zu führen. Es ist kurzsichtig und verständnislos, einen anderen Menschen lediglich um dessen Eigenschaften, Können, Besitz oder Einfluß zu beneiden. Diese oder andere Annehmlichkeiten gibt es nie ohne die Bedingungen, unter denen allein sie zu bekommen sind. Wir müßten alles von dem anderen Leben wollen, vor allem auch jenes, was auf der Bühne der Eitelkeiten verheimlicht wird: jede Sorge und jedes Gebrechen, jeder Kummer und jede Verletzung, jeder Verlust und jeder Frust. Das Bündel aus diesen und anderen Leiden ist die Eintrittskarte in ein beneidetes und nur vermeintlich auch beneidenswertes Leben. Keine Ursache ist ohne Wirkung, kein Licht ohne Schatten, kein Stich ohne Wunde möglich; ebenso ist überragende Geisteskraft nur mit übermäßiger Empfindsamkeit zu haben; großer Besitz oder Einfluß lockt servile Heuchler an; Karriere und Prestige verlangen zumeist einen erheblichen Anteil der Lebenszeit als Opfer. Wer diese Kosten ignoriert und das eigene Elend mit dem vermeintlichen Hochgefühl Anderer vergleicht, wird dadurch bloß trübselig. Und selbst, wenn der Neid berechtigt wäre, würde der unvermeidliche Tod den Erfolgreichen doch nur noch mehr bedrohen als den Erfolglosen. Allerdings, obwohl Menschen zu Vergleichen neigen, sind und bleiben sie sich selbst am nächsten, insbesondere wenn nur noch das nackte Leben auf dem Spiel steht. Der Trost, daß alle Menschen sterben werden, ist daher zwar eine Krücke, auf Dauer jedoch nur ein schwaches Sedativum.

Die Angst vor dem Tod ist, wie wir gesehen haben, unmittelbar in dem uns allen innewohnenden Willen zum Leben begründet. Unsere Angst vor dem Tod bringen wir also mit auf die Welt; sie ist a priori in uns, vor und unabhängig von jeglicher Erfahrung. Hier spricht nicht die Erfahrung, sondern ein ewiger, grundloser Trieb. Nicht weil wir am Leben hängen, fürchten wir den Tod, sondern weil wir den Tod fürchten, hängen wir am Leben. Durch die Angst vor dem Tod wird unausgesprochen eine Behauptung mitgedacht, die wir nicht infrage stellen, obwohl wir gar nicht überprüft haben, ob sie überhaupt angemessen ist: Das Leben sei wertvoll, sei wert, erhalten zu werden. Die Angst vor dem Tod spricht dem Leben einen höheren Wert zu, dem Tod einen geringeren oder zumeist gar keinen. Wir fürchten uns vor dem, was unser Wohl beeinträchtigt, was uns Wehe macht, uns leiden läßt oder Schmerzen verursacht; dagegen sehnen wir uns nach dem, was uns Wohl bereitet, unserem Willen gemäß. Wer Angst vor dem Tod hat, sehnt sich nach dem Leben, weil das Leben allein uns die Befriedigung unserer Wünsche verspricht. In der Angst vor dem Tod ist immer auch die Illusion enthalten, daß das Leben besser sei. Das allerdings läßt sich a priori nur behaupten, aber nicht beweisen; erst a posteriori, also nach der und durch die Erfahrung, können wir darüber urteilen. Vor der Erfahrung ist in dieser Angelegenheit gar nichts entschieden.

Wir werden sehen, wohin unsere Beurteilung nach nüchterner Abwägung gelangt. Daß das Leben besser ist als der Tod, ist nicht so selbstverständlich, wie es uns im ersten Moment anmutet. Betrachten wir zunächst den Tod. Die Angst vor dem Tod ist immer Antizipation – von etwas, das wir nicht kennen, nicht kennen können, weshalb die Angst so rätselhaft wie ungerecht ist. Zunächst einmal ist die Angst vor dem Tod nichts weiter als eine irrationale Xenophobie (und daher die Anhänglichkeit an das Leben ein irrationaler Enthusiasmus). Der Tod ist und bleibt uns bis zur Begegnung mit ihm unbekannt, was für sich also kein Grund sein kann, ihn zu fürchten. Vielleicht fürchten wir etwas, das uns selig macht, seliger alles alles, was wir im Leben erfahren. Wir können nicht wissen, was oder wie der Tod sein wird. Deshalb schrieb Seneca treffend, daß wir nicht bemäkeln, verdammen oder gar fürchten können, von dem wir überhaupt nicht wissen, was es ist. Der Tod hat zu Unrecht einen schlechten Ruf, den er sich nicht verdient hat.

Vielleicht ist der Tod besser als sein Ruf und sogar besser als das physische Leben. Anders herum: Vielleicht ist das Leben schlechter als sein Ruf. Der Arzt Matthias Girke hat uns von seinen Gesprächen mit Patienten berichtet, die während eines vorübergehenden Herzstillstands eine Nahtoderfahrung gemacht hatten. Nach diesem kurzen Ausflug auf die andere Seite erinnerten sie sich an Empfindungen, die fast schon euphorische Erwartungen an den Tod wecken: *„ein großes inneres Glück, das Erleben von Licht und Befreiung"* (Matthias Girke). In jedem Fall ist der Tod die Zurückweisung der egoistischen Begierden durch die Natur, jener Begierden, die Leiden schaffen, wie wir gleich sehen werden. Dieser Egoismus ist der unmittelbare Ausdruck des Willens zum Leben im menschlichen Charakter. Der Tod selbst ist schon ein unanfechtbares Urteil über das Leben und den Egoismus. *„Wir sind im Grunde etwas, das nicht seyn sollte: darum hören wir auf zu seyn."* (Arthur Schopenhauer) Darin ist vielleicht auch schon ein Urteil über den moralischen Wert des Handelns von Menschen auf diesem Planeten enthalten, auch wenn dies ein anderes Thema ist und daher hier nicht tiefer erörtert werden soll.

*

Betrachten wir nun das Leben. Die Angst vor dem Tod herrscht nicht nur ohne Erfahrung mit dem Tod, sondern wir bringen sie mit auf die Welt, daher sie auch ohne Erfahrung mit dem Leben ist. Ob die Angst nach der Erfahrung, im Angesicht aller Kenntnisse, die wir dem Leben entnehmen, noch gerechtfertigt ist, ist zweifelhaft. Den Tod kennen wir nur abstrakt, eher als Negativ des Lebens, indem wir wissen, was er alles nicht mehr sein wird. Das Leben dagegen, alle offenen Rätsel ungeachtet, ist uns bekannt. Leben ist vor allem die Existenz und Veränderung von Erscheinungen in Raum und Zeit, ein Wimpernschlag zwischen zwei unendlichen Hälften unserer Ewigkeit, kurz: das, was wir um keinen Preis aufgeben wollen.

Das verstört, denn das Leben ist vor allem Leiden. In der Summe ist das Leben ein Übel, weshalb es besser ist, nicht zu sein, um keine Leiden erdulden zu müssen. Sicher ist das Leben auch die Voraussetzung von Glück, doch das Glück ist, wie wir sehen werden, nur negativ real: ein flüchtiger Moment, die Aufhebung eines Mangels, an dem wir gelitten haben, wonach der nächste Mangel in unser Bewußtsein tritt, der neues Leiden erzeugt, das wir erneut aufzuheben trachten, um, wenn es gelingt, erneut einen flüchtigen Moment des Glücksgefühls zu erhaschen. Der Tod ist die Erlösung von diesen Leiden und von anderen, von Krankheiten, Schmerzen, Not, Trauer. Dazu kommen alle die Leiden, die Menschen einander zufügen, durch Betrug, Ausbeutung, Raub, Kriege, Folter und dergleichen mehr. *„Die Wahrheit ist: wir sollen elend seyn und sind's. Dabei ist die Hauptquelle der ernstlichsten Uebel, die den Menschen treffen, der Mensch selbst: homo homini lupus.* [Der Mensch ist des Menschen Wolf.] (...) *Ueberhaupt aber bezeichnen, in der Regel, Ungerechtigkeit, äußerste Unbilligkeit, Härte, ja Grausamkeit, die Handlungsweise der Menschen gegen einander: eine entgegengesetzte tritt nur ausnahmsweise ein.*" (Arthur Schopenhauer) Der Tod ist die Erlösung von diesem Leben.

Wir verfluchen unsere Leiden, das ist menschlich, doch sie haben eine verdeckte Seite, die wir in unserem Schmerz nicht erkennen: Vielleicht sind die Leiden des Lebens ein Wink der Natur, der uns mit der Endlichkeit unserer Existenz versöhnen soll. Wäre das Leben ein durchgehender Genuß, eine rauschende Party ohne Pausen, dann müßten wir am Ende betrübt sein, wenn es abgelaufen ist. Schopenhauer betonte, daß wir die leidvollen Erlebnisse auch deshalb zu ertragen vermögen, weil wir gewiß sein können, daß sie eines Tages enden werden. *„Und wer könnte auch nur den Gedanken des Todes ertragen, wenn das Leben eine Freude wäre! So aber hat jener immer noch daß Gute, das Ende des Lebens zu seyn, und wir trösten uns über die Leiden des Lebens mit dem Tode, und über den Tod mit den Leiden des Lebens.*" (Arthur Schopenhauer)

Diese pessimistische Auffassung über das Leben ist keineswegs nur eine Grille des von mir verehrten Schopenhauer, auch nicht das Resultat einer akuten Verstimmung, die sich bald wieder legt. Die nüchterne Offenheit gegenüber dem Tod ist die Konsequenz mancher großen Denker, nachdem sie die Bilanz aus ihrem Leben, ihren Erfahrungen, Beobachtungen und Reflexionen gezogen haben. So schwärmte Seneca regelrecht vom Tod und begrüßte ihn als *„Heilmittel für alle Übel."* (Seneca) Auch Lichtenberg wußte die Aussicht auf den Tod zu schätzen: *„Ein Grab ist doch immer die beste Befestigung wider die Stürme des Schicksals."* (Georg Christoph Lichtenberg) Der allseits geschätzte Heinrich Heine reihte sich ein in diesen Chor, indem er Almansor sagen ließ: *„Die allerschlimmste Krankheit ist das Leben; und heilen kann sie nur der Tod. Das ist die bitterste Arznei, doch auch die letzte, und ist zu haben überall, und wohlfeil."* (Heinrich Heine) Schließlich fehlt auch Goethe nicht in dieser Reihe, wenn wir die Klage seines Faust zitieren:

„Und so ist mir
das Dasein eine Last,
der Tod erwünscht,
das Leben mir verhaßt."
(Johann Wolfgang von Goethe)

Derartige Sprüche großer Denker ließen sich fortsetzen. Das Leben ist nicht das Paradies, von dem wir gerne schwärmen. Diese Einsicht mögen viele der großen Denker auch aus eigener Erfahrung gewonnen haben. Tatsächlich ist sie jedoch sehr alt und insbesondere in der buddhistischen Lebensphilosophie verwurzelt. Das Leben ist Leiden – diese Erkenntnis ist der Kern der Lehre Buddhas: *„Geburt ist Leiden, Alter ist Leiden, Krankheit ist Leiden, Sterben ist Leiden, Kummer, Wehklage, Schmerz, Unmut und Unrast sind Leiden; die Vereinigung mit Unliebem ist Leiden; die Trennung von Liebem ist Leiden; was man wünscht, nicht zu erlangen, ist Leiden; kurz gesagt, die fünf Arten des Festhaltens am Sein sind Leiden."* (Buddha) Das, wodurch das Leiden angetrieben wird, würden wir heute einfach als Sehnen oder Gier bezeichnen. Dieses Verlangen beschrieb Buddha bildlich: *„Dies nun, o Mönche, ist die edle Wahrheit von der Leidensentstehung. Es ist dieser ‚Durst', der zur Wiedergeburt führt, verbunden mit Vergnügen und Lust, an dem und jenem sich befriedigend, nämlich der Liebestrieb, der Selbsterhaltungstrieb, die Sucht nach Reichtum."* (Buddha). Wir erkennen sofort, daß der Durst der Menschen eine große Übereinstimmung hat mit dem, was Schopenhauer später den Willen zum Leben nannte, das Wesen des Menschen. Was Buddha als Durst bezeichnete, ist auch im Wesentlichen das, was Platon später als Begierden beschrieb. Platon unterschied dabei die notwendigen Begierden, die man nicht abweisen kann, also die grundlegenden Bedürfnisse, von den nicht notwendigen Begierden, die alles andere umfassen. Beide Arten der Begierde erzeugen Leiden, denn beide basieren auf einem Mangel.

Letztlich ist es dieser Durst, die Begierden, Wünsche, Sehnsüchte, die Gier, was das Verhältnis der Menschen zueinander prägt und dazu führt, daß der Mensch des Menschen Wolf ist, wie wir es in dem Zitat von Schopenhauer gerade gesehen haben. Der Krieg aller gegen alle ist kein historisches Phänomen der bürgerlichen Gesellschaft, in der die Menschen vereinzelt und voneinander entfremdet seien, wie Karl Marx und Friedrich Engels meinten. Die Geschichtsbücher belegen etwas anderes: daß die Gier zeitlos und die menschliche Natur rücksichtslos ist, um ihre Begierden zu befriedigen, den Durst zu stillen. Der handelnde Egoismus bringt den Krieg aller gegen alle, den mal trickreich-sanften, mal gewalttätigen Kampf der Einzelinteressen. *„Homo homini lupus; wer hat nach allen Erfahrungen des Lebens und der Geschichte den Mut, diesen Satz zu bestreiten?“* (Sigmund Freud) List und Lüge, Einschüchterung und Rufmord, Willkür, Gewalt, Raub und Kriege – der Zweck heiligt das Mittel. Seine Natur kann ein Mensch nur verhüllen, aber nicht ablegen. Strafen und andere Hemmungen halten die menschliche Natur vorübergehend im Zaum, anders wäre Zivilisation nicht denkbar. Doch friedliches Miteinander liegt nicht in der Natur des Menschen. *„Unter ihr günstigen Umständen, wenn die seelischen Gegenkräfte, die sie sonst hemmen, weggefallen sind, äußert sie sich auch spontan, enthüllt den Menschen als wilde Bestie, der die Schonung der eigenen Art fremd ist.“* (Sigmund Freud) Der Durst trägt mächtig dazu bei, daß das Leben vor allem Leiden ist.

Doch es muß nicht immer ein Fausthieb, ein Überfall oder eine Verleumdung sein, was uns das Leben vergällt. Nicht nur der Durst Anderer bereitet uns Leiden, unsere eigenen Begierden steuern ihren Anteil ebenso dazu bei. Das Leiden ergreift uns auch ohne das Zutun Fremder. Denn das Leiden ist positiv und bedrängt uns, selbst wenn wir nichts tun, um es zu provozieren. Das verstehen wir, wenn wir das Wesen der Freude bzw. des Glücks betrachten. Die Freude, der Genuß, ist stets negativ, nämlich die Aufhebung eines Mangels. *„Aber doch, sagte ich, sind wenigstens die durch den Leib zur Seele gelangenden und vorzüglich so genannten Lüste, die meisten beinahe und größten, von dieser Art, Erledigungen von Schmerzen.“* (Sokrates, nach Platon) Wenn wir etwas begehren, leiden wir an einem Mangel. Wenn dieser Mangel erfolgreich aufgehoben wird, verspüren wir einen flüchtigen Moment der Befriedigung, der Freude, des Glücks. Doch diese herbeigesehnte, oft mit Mühen errungene Empfindung ist kurzlebig, da sie eben nur negativ, nur kurze Aufhebung eines Mangels ist, der nun nicht mehr drückt. Dafür rückt der nächste Mangel, die nächste Begierde nach etwas, das wir noch nicht haben, in den Vordergrund und bedrückt uns, weshalb wir danach streben, es zu bekommen. *„Der Wunsch ist, seiner Natur nach, Schmerz: die Erreichung gebiert bald Sättigung: das Ziel war nur scheinbar: der Besitz nimmt den Reiz weg: unter einer neuen Gestalt stellt sich der Wunsch, das Bedürfniß wieder ein: wo nicht, so folgt Oede, Leere, Langeweile, gegen welche der Kampf ebenso quälend ist, wie gegen die Noth.“* (Arthur Schopenhauer) Positiv und dauerhaft ist bloß das Leiden an den Mängeln, Befriedigung und Freude sind lediglich kurze Unterbrechungen des Leidens.

Das Leiden kommt also ohne unsere Anstrengung, allein durch das Begehren oder andere Geschehnisse. Um nicht zu leiden, muß man dagegen etwas tun, einen Mangel beheben, einen Angriff parieren, eine Krankheit therapieren. Wenn der ganze Körper gesund ist und ohne Beschwerden funktioniert, dann nehmen wir das nicht weiter wahr. Gesundheit ist negativ, Abwesenheit von Krankheit. Aber den Nagel im Fuß, den stechenden Schmerz, den nehmen wir wahr, wenngleich alle anderen Körperteile, die wir ignorieren, kein Wehe bereiten. Der eine Nagel im Fuß plagt uns und wir leiden, anstatt uns über hundert gesunde Körperteile zu freuen. Mit den Empfindungen verhält es sich genauso. Unsere Zufriedenheit empfinden wir nicht, doch bei nächster Gelegenheit entern Traurigkeit, Wut, Furcht oder Frustrationen das Bewußtsein. *„Rauhe Körper fühlt man: die glatten merkt man kaum.“* (Michel de Montaigne) Man kann sich das Leben als Optimist so schön reden wie man will, das Leiden bleibt auch ohne schwere Einschläge die Grundmelodie des Lebens, ausgelöst durch unsere Begierden, auch durch angeborene Krankheiten oder durch den kaum endenden Kampf um das tägliche Brot. Man kann das natürlich ignorieren. Friedrich Nietzsche verhöhnte die buddhistische Lehre, zog sie ins Lächerliche und erklärte Krankheit, Alter und Tod zu Bagatellen. Doch jede neue Begierde läßt die Hoffnungen immer weiter steigen in Höhen, aus denen der Absturz nur noch schmerzhafter wird.

Neben den Nackenschlägen von außen ist das Begehren, der hungrige Sturz in den Trubel des Lebens, der wichtigste Ursprung des Leidens. Das Gegengift wäre Genügsamkeit, das gelassene Beobachten des Trubels aus hinreichendem Abstand. *„Die Unsinnigen aber und Übermütigen nimmt die heftige Lust bis zum Wahnsinn ein und macht sie ganz verrufen.“* (Platon) Das Leiden beginnt damit, daß ein Mensch begehrt, was er nicht hat. Schon die Begierde, der Durst in Buddhas Worten, ist Leiden, und bleibt, solange die Begierde nicht gestillt, der Mangel nicht behoben wird. Erlösung bringt erst die Befriedigung der Begierde, doch nur kurz, vorübergehend. Denn damit ist nicht das Leiden als Grundmelodie des Lebens verklungen, sondern vorerst bloß ein bestimmtes Leiden überwunden, an das sich gleich das nächste Leiden, der nächste Mangel reiht. Selbst die Erledigung des größten Wunsches vernichtet nicht das Leiden, vielmehr wächst es ins Endlose, nachdem der Mensch begriffen hat, daß sein Leben enden wird. Wer sich von dieser Auffassung hat überzeugen lassen, mag enttäuscht sein, hat jedoch eine wahre Einsicht gewonnen, denn Enttäuschung ist die Umkehrung einer Täuschung. Der Getäuschte hadert mit seinem Schicksal, staunt über die Miseren seines Lebens, als ob sie ein Irrtum seien; tatsächlich sind sie die Regel. Der Schmerz ist nicht der Sonderfall, das Glück ist es.

Selbst Heiligkeit gibt keine Garantie, vor Schmerzen geschützt zu sein. Zwar hatte Buddha durch sein Erwachen den Durst überwunden, war aus dem Kreislauf der Wiedergeburten ausgetreten und mußte nicht mehr fürchten, in einem nächsten Leben das Leiden erneut zu erdulden. Das bewahrte ihn jedoch nicht davor, in seinem letzten Leben körperliche Schmerzen zu erleiden. Buddha litt vor allem im hohen Alter unter mehreren Gebrechen. Insbesondere plagten ihn Rückenschmerzen. Solche Beschwerden des Alters kann jeder an seinem eigenen Körper erfahren. Schon mit der Geburt hebt das Altern an, und es endet erst mit dem Tod. Das Altern ist der Vorbote des Todes, die tägliche, Angst einflößende Erinnerung an die Endlichkeit des Lebens. Je größer und stärker die Begierden sind, desto mächtiger ist die Angst vor dem Nicht-Sein. Jede Befriedigung einer Begierde verlängert die Angst. Solange jemand begehrt, seinen Durst stillen will, solange muß er den Tod fürchten.

Dagegen hat der Weise begriffen, daß das Leben zu fürchten ist. Das muß kein Unglück, kein Jammertal sein, durch das diese Einsicht führt. Im Unterschied zum Glück, das Leiden voraussetzt, ist Zufriedenheit ein Zustand, der weder das eine noch das andere zur Bedingung hat. Wie dieser erstrebenswerte Zustand der Zufriedenheit erreicht werden kann, ist nun nicht das Thema dieser kleinen Abhandlung und gehört an eine andere Stelle. Ganz sicher jedoch hat die ständig drückende Angst vor dem Tod keinen Platz in diesem ausgeglichenen Gefühl. Daher ist, neben anderen Dingen, das gelassene Leben mit dieser geklärten Angst, ohne daß sie das Bewußtsein beherrscht, eine elementare Voraussetzung, um zufrieden leben zu können.

*

Die Bilanz des Lebens fällt nüchtern aus. Im Wesentlichen ist der vorübergehende Aufenthalt des Menschen auf diesem Planeten ein Schwanken zwischen Not und Langeweile. *„Wollen und Streben ist sein ganzes Wesen, einem unauslöschbaren Durst gänzlich zu vergleichen. Die Basis alles Wollens aber ist Bedürftigkeit, Mangel, also Schmerz, dem er folglich schon ursprünglich und durch sein Wesen anheimfällt. Fehlt es ihm hingegen an Objekten des Wollens, indem die zu leichte Befriedigung sie ihm sogleich wieder wegnimmt; so befällt ihn furchtbare Leere und Langeweile: d. h. sein Wesen und sein Daseyn selbst wird ihm zur unerträglichen Last. Sein Leben schwingt also, gleich einem Pendel, hin und her, zwischen dem Schmerz und der Langenweile, welche beide in der That dessen letzte Bestandtheile sind.*" (Arthur Schopenhauer)

Der Wille ist blind, ein unersättliches Streben. Hat er die Not überwunden, treten alle möglichen und unmöglichen Begierden auf den Plan. Der Mensch begehrt, was er nicht hat, aber sein vermeintliches Wohl zu steigern verspricht. Aus der Langeweile sprießen die tollen Blüten der Vergnügungssucht: Fernsehshows auf 80 Kanälen, die Allzeit-Konjunktur der Vergnügungsparks und Volksfeste, die Begeisterung für Spiele von überbezahlten Söldnern in der Verkleidung von Sportmannschaften, Ausflüge von Multimilliardären ins All, und vieles, unfaßbar vieles mehr. Die Unfähigkeit von Menschen, sich mit sich selbst zu beschäftigen, zeitigt die erbärmlichsten Phänomene, alles nur, weil der Wille nicht fähig ist zur Selbstgenügsamkeit. Not und Langeweile, das eine wie das andere, sind Leiden, daher unser Leben im wesentlichen Leiden und jeder Glücksmoment nur das kurze Ende eines Leidens ist, bevor das nächste anhebt, uns zu quälen.

Leiden ist an die Existenz unserer Erscheinung geknüpft, an unsere Leiblichkeit, an unseren lebendigen Körper, der mit allen Sinnen das Leiden erfährt, und an unser körpergebundenes Bewußtsein, das an den unendlichen Bedrückungen im Leben leidet. Insofern gibt es wenig Grund, an einem Leben zu hängen, das in der Bilanz ein dickes Minus mit sich herumschleppt. Damit alleine ist noch nichts darüber entschieden, ob und was nach unserem Tod sein wird und also auch vor unserer Geburt gewesen ist. Ganz sicher ist nur dieses: Das Leiden, das nur dieses Leben bereitet, ist gar nichts, was uns nach unserem Tod bedrängen kann, und es ist auch vor unserer Geburt nicht gewesen.

Wer nun verstanden hat, warum das Leben seiner Natur nach Leiden sein muß, der wird die Einsicht in seinen Erfahrungen bestätigt finden. Jede weitere Erfahrung mindert seine Ambition, um jeden Preis sein Leben zu bewahren. Er möchte nicht mehr unbedingt sein, hat erkannt, daß es vielleicht sogar besser ist, nicht zu sein, auf jeden Fall nicht schlechter. Die Angst vor dem Tod wird schwächer und macht einer wachsenden Erleichterung Platz. Wenn das Leben Leiden ist, dann ist allein der Tod die Erlösung davon.

Trotz dieser Einsicht ist niemand sicher davor gefeit, gelegentlich noch wieder von der Angst vor dem Tod eingeholt zu werden. Dann siegt der ewige Drang, zu sein, einmal mehr über die Erkenntnis. *„Gegen die mächtige Stimme der Natur vermag die Reflexion wenig.“* (Arthur Schopenhauer) Die Angst vor dem Tod ist der Einspruch des Willens zum Leben, der auch die Weisen noch ab und zu ereilt. Umso wichtiger ist es, die Ergebnisse der Reflexion als Einsichten zu befestigen und zu stärken. Für immer abgeschüttelt haben die Angst vor dem Tod nur die Heiligen, die den Willen zum Leben verneint und in sich überwunden haben. *„Ruhig und sanft ist, in der Regel, der Tod jedes guten Menschen: aber willig sterben, gern sterben, freudig sterben, ist das Vorrecht des Resignirten, Dessen, der den Willen zum Leben aufgiebt und verneint. Denn nur er will* w i r k l i c h *und nicht bloß* s c h e i n b a r *sterben, folglich braucht und verlangt er keine Fortdauer seiner Person.“* (Arthur Schopenhauer)

Solch unerschütterliche Gelassenheit hat zur Bedingung, daß die Nichtigkeit des irdischen Daseins nicht allein abstrakt erkannt worden ist; es muß tatsächlich von Herzen empfunden werden, daß es besser ist, nicht zu existieren. Wenngleich wir in der großen Mehrheit diesen Zustand kaum erreichen, so bleibt uns doch, die Vorzüge des Lebens und des Todes nüchtern gegeneinander abzuwägen, um unsere Angst vor dem Tod zu besänftigen. Wir müssen uns nicht gleich auf den Tod freuen; es reicht schon, einmal gründlich, ohne Vorurteile, den objektiven Wert all dessen zu ermitteln, was wir mit dem Tod aufgeben werden. *„Die hierin hervortretende gränzenlose Anhänglichkeit an das*

Leben kann nun aber nicht aus der Erkenntniß und Ueberlegung entsprungen seyn: vor dieser erscheint sie viel mehr thöricht; da es um den objektiven Werth des Lebens sehr mißlich steht, und wenigstens zweifelhaft bleibt, ob dasselbe dem Nichtseyn vorzuziehen sei, ja, wenn Erfahrung und Ueberlegung zu Worte kommen, das Nichtseyn wohl gewinnen muß. Klopfte man an die Gräber und fragte die Todten, ob sie wieder aufstehen wollten; sie würden mit dem Kopfe schütteln." (Arthur Schopenhauer) Paradoxerweise ist auch die Angst vor dem Tod ein Leiden, das uns nur im Leben quält, und wovon uns der Tod erlösen wird.

IV. Nur das Leben ewiglich

Ungeachtet der philosophischen Begründung sind die Leiden des Lebens auch ein empirisches Argument gegen die Angst vor dem Tod, das jeder an sich selbst überprüfen kann. Wir werden in diesem Kapitel ein weiteres Argument erörtern, das ebenso eine empirische Komponente enthält und daher von jedermann nachzuvollziehen ist. Wer die Leiden des Lebens als einen Einwand gegen die Angst vor dem Tod akzeptiert hat, wird den Wert des Lebens wie den des Todes danach anders beurteilen. Und trotzdem, solange der Wille zum Leben noch in ihm glimmt, wird er immer wieder bei der Vorstellung, eines Tages nicht mehr zu sein, an seine Angst erinnert. Nun ist es allerdings, wie der letzte Satz angedeutet hat, immer nur eine Vorstellung in unserem Kopf, daß wir eines Tages nicht mehr sein werden, nur eine Phantasie, ohne empirische Realität. Im Gegenteil, die Vorstellung, später nicht mehr zu leben, setzt voraus, daß man lebt. Das gilt im Übrigen auch für alles, was wir uns über die Zeit vor unserer Geburt oder unserer Zeugung denken. Ob wir in Geschichtsbüchern schmökern oder in verstaubten Familienalben blättern, ob wir uns gedanklich in die Zeit der Französischen Revolution versetzen oder unsere Einbildungskraft uns unsere Eltern vorstellt, wie sie sich vielleicht kennengelernt haben, immer sind all diese Gedanken und Phantasien bloß möglich, während wir leben.

Dank Kant wissen wir, daß die Zeit, wie der Raum, eine Erkenntnis a priori ist, die unabhängig von der Erfahrung in unserem Verstand bereitliegt, um Erfahrungen überhaupt machen und nacheinander ordnen zu können. Die Zeit ist keine Eigenschaft der Dinge und Veränderungen, denn diese kennen wir lediglich als Erscheinungen in unserer Vorstellung. Insofern ist die vorherrschende Auffassung, daß mit dem Tod etwas untergehe, wirklich verschwinde, zu nichts vernichtet werde, ein Trugbild unserer Sinne, die uns vorgaukeln, daß das, was wir erkennen, wirklich so sei, auch unabhängig von unserer Vorstellung. Als Erscheinungen haben alle Veränderungen in uns allerdings Realität. Um diese Vorstellungen geht es hier, um unser empirisches Bewußtsein, in dem wir den Tod als das Ende begreifen. Dazu müssen wir verstehen, wie unser empirisches Zeitverständnis funktioniert.

Zeit als Erkenntnis a priori, als Anschauungsform, weist zunächst nur darauf hin, daß in unserer Vorstellung nicht alles gleichzeitig geschieht, sondern nacheinander, jetzt oder nicht jetzt. Das ist sozusagen die minimale zeitliche Differenz aller Ereignisse. Allerdings ist die stufenweise Abfolge von ferner Vergangenheit, naher Vergangenheit, Gegenwart, näherer und fernerer Zukunft keine Erkenntnis a priori, sondern geht als ausdifferenzierte Zeitvorstellung weit darüber hinaus. Dieses komplexe Zeitbewußtsein liegt uns nicht vor der Erfahrung bereit, sondern entwickelt sich erst sukzessive durch die Erfahrung. Der Moment der Sinnesempfindung verschafft uns immer nur den Eindruck einer Gegenwart, die Subjekt und Objekt gemeinsam teilen. Der nächste Eindruck ist wieder eine Gegenwart, eine neue. Weil nun nicht alle Eindrücke in einer Gegenwart auftreten können, werden sie durch den Verstand zeitlich geordnet.

Ein Neugeborenes kommt allein mit der Zeit als Anschauungsform, als Erkenntnis a priori, auf die Welt, nicht mit einem komplexen differenzierten Zeitbewußtsein. Erst nach und nach lernen Kinder, Zeitbegriffe zu formulieren. Der Entwicklungspsychologe Jean Piaget untersuchte, wie sich die Zeitvorstellungen beim Kind entwickeln und unterschied mehrere Abschnitte. Erst mit etwa 10 bis 12 Jahren ist ein Kind in der Lage, Zeit so differenziert zu ordnen, wie es uns als Erwachsenen selbstverständlich erscheint. Das beinhaltet die korrekte Abfolge von Vergangenheit, Gegenwart und Zukunft, die Unterscheidung der Geschwindigkeit und der Dauer verschiedener Begebenheiten und die Einordnung der Erlebnisse während der eigenen Lebenszeit in gemeinschaftliche und geschichtliche Zusammenhänge. Das komplexe Zeitbewußtsein, in dem die Gegenwart nach der Vergangenheit und vor der Zukunft eingeordnet wird, entwickelt sich also erst mit der Erfahrung, nicht unabhängig von ihr. Aufbauend auf Erfahrung bildet die Vernunft mit Hilfe von Begriffen ein differenziertes Zeitverständnis.

Nur dadurch ist überhaupt eine Vorstellung von der Zukunft möglich, nämlich eine abstrakte Vorstellung durch die Vernunft. Es ist eben immer nur eine Vorstellung von der Zukunft, jedoch *in* der Gegenwart. Denn jede Anschauung, gleich ob unmittelbar und konkret oder abstrakt, ist immer nur in der Gegenwart möglich. Auch in der Praxis ist der Ablauf von Vergangenheit, Gegenwart und Zukunft immer nur ein abstraktes Gebilde im Kopf, keine Realität. Wir können alles Mögliche planen, doch dieses liegt nicht in der Zukunft, sondern in einem anderen, von dieser Gegenwart entfernten Jetzt, das dann eine neue Gegenwart sein wird, aber eben nicht jetzt ist. Wir bezeichnen etwas als Zukunft, doch das ist niemals eine unmittelbar angeschaute Erscheinung; ist es eingetreten, ist es keine Zukunft mehr. Insofern geistert die

Zukunft lediglich als Erwartung oder Vorhersage, als Vorfreude oder Furcht durch unsere Gedanken. Auch die Vergangenheit ist keine unmittelbar angeschaute Vorstellung, sondern die Erinnerung – in der Gegenwart – an ein anderes entferntes Jetzt. Wenn ein Ereignis vor unserer Geburt lag, ist es ohnehin nur eine abstrakte Vorstellung; haben wir es selbst erlebt, ist es einmal Gegenwart für uns gewesen, nun aber nicht mehr, und wird es auch nie wieder sein. Was immer in der Vergangenheit geschehen ist, und was immer in der Zukunft geschehen mag, alles ist immer nur ein Gedanke in unserem Gehirn, den wir ausschließlich in der Gegenwart haben können. Die einzige Zeit, die wir ohne Umweg über die Vernunft erleben, ist die Gegenwart. Dagegen kann die Zeit nach unserem Tod, die uns ängstigt, gar keine Erfahrung sein, weil sie immer und ausschließlich bloß eine abstrakte Vorstellung in unserem Kopf sein kann, nämlich in der Gegenwart. Ohne uns, indem wir lebendig sind, ist der Tod gar nicht denkbar.

*

In einer anderen Schrift habe ich mit einer Metapher des Raumes die Lebenszeit eines Menschen mit der Fahrt in einer Bahn verglichen. Wir sitzen darin ununterbrochen in demselben Abteil, in dem wir uns zwar durch das Land bewegen, das wir jedoch nie verlassen können. An die Abfahrt können wir selbst uns nicht erinnern, haben aber durch Berichte eine Vorstellung von dem Ort, an dem die Reise begann. Während der Fahrt sehen wir immer wieder neue Dinge und Ereignisse am Fenster vorüberziehen, die in dem jeweiligen Moment unsere Vorstellung ausfüllen, nebeneinander und nacheinander. Den Endpunkt der Fahrt kennen wir, auch wenn wir nicht wissen, wie weit er noch entfernt ist, und von einigen künftigen Zwischenhalten haben wir eine Ahnung. Doch ganz gleich, wo wir bereits gefahren sind, wo wir uns gerade befinden oder bald noch sein werden – wir sitzen immer nur in unserem Abteil. Was wir beobachten, erkennen wir immer bloß in einem flüchtigen Augenblick. Unser Abteil, das unsere Gegenwart darstellt, transportiert uns treu durch das Land, aber wir können niemals aussteigen.

Auf dieser Reise, in unserem ganzen Leben, also während aller ungezählten Momente in der Spanne von Vergangenheit, Gegenwart und Zukunft, die unser Leben vom Anfang bis zum Ende ausfüllen – ist der Tod etwas, das überhaupt gar nicht darin vorkommt. In der sinnlichen Wahrnehmung taucht er nie auf. Es ist die Vernunft, das abstrakte Denken auf der Grundlage von Erfahrungen und Beobachtungen, die uns den den Tod als Motiv vorsetzt, auf das unser Wille zum Leben uns dann mit Angst reagieren läßt. Aber es ist auch die Vernunft alleine, die unserer Angst vor dem Tod widersprechen und uns helfen kann, die Verzweiflung zu überwinden. Der Trost, den uns die Vernunft spendet, lautet: Nur der Lebende hat Angst. Das Leben ist in unserem Bewußtsein unendlich, ohne Anfang und Ende, da unser Bewußtsein nur vorhanden ist, solange wir am Leben sind. *„Der Gedanke: ich bin nicht, kann gar nicht existieren; denn bin ich nicht, so kann ich mir auch nicht bewußt werden, daß ich nicht bin.“* (Immanuel Kant)

Natürlich ist hier die Rede von dem körpergebundenen Bewußtsein, von der Tätigkeit unseres Gehirns. Ob und was vor unserer Geburt war oder nach unserem Tod sein wird, ist damit nicht entschieden. Sollte es ein Bewußtsein anderer Art, wie auch immer es beschaffen und gestaltet sein mag, vor und nach unserem Leben geben, dann allerdings gilt ebenfalls der Satz von Kant, daß es den Gedanken, ich bin nicht, gar nicht geben kann, denn irgendetwas bin ich dann ja doch noch. Insofern ist die Angst vor dem Tod in jedem Fall unbegründet. Denn entweder sind wir nicht mehr nach unserem Tod (und waren auch nicht vor unserer Geburt), dann können wir den Tod, vor dem wir uns fürchten, nicht bewußt erleben. Oder da wird doch noch etwas sein (was auch vor der Zeugung bereits gewesen sein muß), dann müssen wir nicht fürchten, nicht zu sein, denn wir bleiben ja, wo, wie und was auch immer.

Bleiben wir bei dem Bewußtsein zu Lebzeiten. Dieses empirische Bewußtsein erlebt nicht seinen Anfang und nicht sein Ende. In dem Moment, in dem das Bewußtsein einsetzt, ist der Anfang des Bewußtseins schon vorbei, und in dem Moment, ab dem das Bewußtsein erloschen ist, ist auch das Ende vorüber. Das Leben ist ewiglich und kann gar nicht anders sein. Nie kann ein Mensch erfahren, daß er nicht ist, nicht vor seinem Eintritt ins Leben und nicht, nachdem er gestorben ist. *„Der Tod ist weniger als Nichts zu fürchten, wenn etwas weniger als Nichts seyn kann. (…) Er geht euch, ihr möget leben oder todt seyn, nichts an: wenn ihr lebt, weil ihr seyd; wenn ihr todt seyd, weil ihr nicht mehr seyd.“* (Michel de Montaigne). Montaigne formulierte hier in eigenen Worten eine fast zweitausend Jahre ältere Einsicht des griechischen Philosophen Epikur: *„So hat also das schauderhafteste Übel, der Tod, für* *uns keine Bedeutung, da ja, solange wir leben, der Tod nicht anwesend ist, sobald aber der Tod eintritt, wir nicht mehr leben werden."* (Epikur)

Wir kennen aus eigener Anschauung nur das ewige Leben – dies ist ein ganz und gar empirisches Argument, das jeder nachvollziehen und niemand bestreiten kann. Dieser Einwand gegen die Angst vor dem Tod bezieht sich auf das empirische Bewußtsein und geht nicht auf die Metaphysik zurück, deren Perspektive im nächsten Kapitel verhandelt wird. Den Tod erleben wir nicht. Das Leben wird ohne Anfang und Ende erfahren. Wir haben kein individuelles Bewußtsein von dem Nicht-Sein vor unserer Geburt, und kein solches Bewußtsein von dem Nicht-Sein nach unserem Tod. Solange wir leben, hat unser Gehirn kein Bewußtsein davon, daß wir tot sind; und wenn wir tot sind, hat das Gehirn kein Bewußtsein davon, daß wir einmal gelebt haben und nun nicht mehr sind. Genau betrachtet haben wir auch kein Bewußtsein von dem Tod Anderer. Allenfalls haben wir das Sterben eines Menschen beobachtet, und wir wissen danach lediglich, daß diese individuelle Erscheinung von nun an für uns nicht mehr sein wird; ganz sicher aber wissen wir nicht, was der Tod für dieses Wesen ist, das sein Leben beendet hat.

Alles andere, außer dem Tod, was wir im Leben fürchten, können wir, falls es denn eintritt, auch mit allen Konsequenzen erleben – den Tod nicht. Wir verunglücken oder werden krank, und wir müssen unter Schmerzen leiden. Ein geliebter Mensch stirbt, und wir leiden an der Trauer und an der Verzweiflung. Die Aktien fallen ins Bodenlose, wir verlieren unseren Job, oder die Wohnung brennt ab, und wir leiden plötzlich an einer Not, die wir nur insgeheim befürchtet, aber nie erwartet haben. Unser Partner verläßt uns, und wir leiden unter Einsamkeit. Alle diese Erfahrungen sind möglich, jedoch ungewiß. Der Tod dagegen ist das einzige, vor dem wir Angst haben, was gewiß ist – aber auch das einzige, das wir, wenn es eingetreten ist, nicht erleben werden, aus eigener Anschauung nimmer kennen noch jemals erfahren werden. Insofern fürchten wir uns vor etwas, das wir nur in unserer abstrakten Vorstellung kennen, die wir wiederum nur haben können, solange wir am Leben sind.

V. Die Geburt kein Anfang, das Sterben kein Ende

Gerade haben wir besprochen, daß wir nur unser Leben bewußt erfahren, aber nicht die Zeugung oder gar die Zeit davor, und auch nicht den Eintritt des Todes und die Zeit danach. Allein das Leben macht die ganze Erfahrungswelt von uns als Erscheinung aus. Insofern haben wir empirisch gar keine Kenntnis davon, daß wir nicht sind. Wir meinen daher nur, nach dem Tod nicht zu sein, und sind überzeugt, während unserer Lebenszeit tatsächlich zu sein. Im Kapitel II haben wir gesehen, daß die Angst vor dem Tod im Kern eine Angst vor dem Nicht-Sein ist. Dieser Angst liegt der Irrtum zum Grunde, das Leben sei unser Sein. Natürlich sind wir mal hier, mal dort, mal sind wir hungrig, dann satt und zufrieden, wir sind mal müde, mal unternehmungslustig. So und in vielen anderen Zuständen sind wir. Mit dem Hilfsverb sein bezeichnen wir wechselnde Orte, Eigenschaften oder Beschaffenheiten, also vorübergehende Formen; das ist unsere empirische Realität in unserer Vorstellung.

In einem philosophischen Sinn hat das Sein jedoch nicht die banale Bedeutung eines Hilfsverbs. Das Sein ist vielmehr das, was ist, auch wenn es nicht in einem Kopf vorgestellt wird, was Bestand hat und keinem Wandel unterworfen ist, das eigentliche, das reale Sein: *„Das ‚war' und ‚wird sein' sind gewordene Formen der Zeit, die wir, uns selbst unbewußt, unrichtig auf das unvergängliche Sein übertragen. Denn wir sagen doch: Es war, ist und wird sein; der richtigen Ausdrucksweise zufolge kommt aber jenem nur das ‚ist' zu, das ‚war' und ‚wird sein' ziemt sich dagegen nur von dem in der Zeit fortschreitenden Werden zu sagen, sind es doch Bewegungen; dem stets sich selbst gleich und unbeweglich Verharrenden aber kommt es nicht zu, durch die Zeit jünger oder älter zu werden, noch irgend einmal geworden zu sein"* (Platon).

Das Leben dagegen ist nicht unser Sein, sondern nur Werden, vorübergehendes Beharren und Vergehen einer Form. Nichts an uns, nichts um uns herum, ist von Dauer. Sogar jede Sekunde, jede Zehntelsekunde verändert sich alles, auch wir selbst durch den Stoffwechsel und unser Verhalten, auch wenn die Veränderungen umso geringer sind, je kleiner der Zeitabschnitt ist, in dem wir sie beobachten. Lediglich die Substanz, die Materie, aus der wir und jedes andere Ding gebildet sind, ist immer gewesen und wird immer sein; dasselbe gilt für unser innerstes Wesen. Beide sind unvergänglich. Anders, als der übliche Sprachgebrauch unterstellt, s i n d wir also nicht während unseres Lebens, sondern wir stellen nur eine sich stetig verändernde Form dar.

Das grundlose und keiner Veränderung unterworfene Wesen aller Dinge, also auch von uns, ist der ewige, fordernde Drang, zu sein und zu wirken, der sich in Menschen als der Wille zum Leben ausdrückt. Diesem Wesen allein, zugleich mit der Materie, kommt alleine das Sein zu, während unser Leib bloß Erscheinung ist. Als solche sind wir den Bedingungen der Zeit, des Raumes und der Kausalität unterworfen.

Was auch immer uns im Leben widerfährt, nehmen wir mit Hilfe der Anschauungsformen des Verstandes als Bewegungen in Raum und Zeit nach dem Gesetz von Ursache und Wirkung wahr, unsere eigene Existenz eingeschlossen. Die Illusion, daß wir im Leben auch seien, ist eine Einbildung aufgrund der mangelhaften Eignung unseres Verstandes zur wahren Erkenntnis. Lediglich das Sein, das was tatsächlich und unverrückbar ist, unabhängig von unserer Vorstellung, ist ewig, war immer schon vor unserer Geburt und wird daher auch über unsere Erscheinung hinaus immer sein. Hier reden wir nicht, wie im vorherigen Kapitel, von dem empirischen Bewußtsein, durch das wir unser Leben bereits ohne Anfang und Ende erfahren, sondern wir behandeln aus philosophischer Sicht die metaphysische Seite unserer Existenz. Die rätselhaften Abläufe in der Welt, in der organischen wie in der unorganischen Natur, sind nicht nur physischer Art, sondern sie haben gleichfalls eine metaphysische Seite. Was wir anschaulich erkennen, ist das, was wird und vergeht und keine Fortdauer hat, sehr wohl hat jedoch das Werden und Vergehen eine Fortdauer: „*Dieser [Leib] freilich stirbt, wenn er vom Leben verlassen wird, nicht aber stirbt das Leben.*" (Chândogya-Upanishad)

Wenn wir uns nun diese Erkenntnis vergegenwärtigen, dann wird unbestreitbar einsichtig, daß der Tod kein Ende ist, ja gar kein Ende sein kann, weil ja auch die Geburt und die Zeugung davor kein Anfang waren. Was wir durch unsere Anschauung erkennen, ist lediglich das Werden und Vergehen von Erscheinungen. Mangels Reflexion halten wir das Werden und Vergehen für einen absoluten Anfang und ein absolutes Ende, das heißt wir verwechseln sie mit dem Entstehen und Vernichtet-Werden. „*Wer aber die Geburt des Menschen für dessen absoluten Anfang hält, dem muß der Tod das absolute Ende desselben seyn. Denn beide sind was sie sind in gleichem Sinne: folglich kann Jeder sich nur in sofern als unsterblich denken, als er sich auch als ungeboren denkt, und in gleichem Sinn.*" (Arthur Schopenhauer)

Schopenhauer integrierte fundamentale Auffassungen antiker Philosophen in seine Philosophie und baute sie aus, bevor er mit dem Umweg über Kants Erkenntnistheorie zur Bestimmung des Willens als das Wesen der Welt gelangte. Eine ähnliche Auffassung über das Werden und Vergehen von Erscheinungen im Verhältnis zu dem unveränderlichen Sein hatte Platon, für den das, was wir erkennen können, bloß flüchtige Abbilder ewiger Ideen waren. Auch die Upanishaden hielten das, was sich sinnlich erfassen läßt, nicht für das wirkliche Sein. Vielmehr nehmen wir alle Dinge nur durch einen Schleier der Täuschung wahr. Alles Erkennbare nannten die Upanishaden Mâyâ, was sich mit Blendwerk übersetzen läßt:
„Die Wesenheiten, die werden,
Die werden nicht in Wirklichkeit;
Ihr Entstehen ist nur Blendwerk,
Und Blendwerk ist nicht Wirklichkeit.“
(Mândûkya-Kârikâ)

Und genau so, wie das Werden keine Realität hat, kein dauerhaftes Sein ausdrückt, so ist auch das Vergehen eine Täuschung. Beim Tod eines Menschen geht deshalb, wie Schopenhauer es ausdrückte, stets bloß die Erscheinung unter; davon unberührt bleibt das Wesen aller Dinge, der Wille, der die Erscheinung hervorgerufen hat. Seneca war ebenfalls der Auffassung gewesen, daß durch den Tod nichts vernichtet wird: *„Fühlst du dich von einem so lebhaften Verlangen nach Verlängerung deines Lebens erfüllt, so bedenke, daß nichts von alledem zugrunde geht, was deinen Augen entschwindet und in dem Schoße der Natur geborgen wird, aus dem es hervorging und bald wieder hervorgehen wird. Es ist ein Aufhören, aber kein Vergehen, und der Tod, den wir fürchten und abweisen, unterbricht das Leben, raubt es uns aber nicht. (…) Betrachte den Kreislauf der Dinge, wie sie in sich zurückkehren; du wirst finden, daß nichts in dieser Welt zugrunde geht, sondern abwechselnd sinkt oder steigt.“* (Seneca)

Nie entsteht etwas, und nie wird etwas vernichtet. Alles wird und vergeht, als Form, aber im Vergehen verschwindet nicht das, was die Form hervorgebracht hat: das ubiquitäre, ewige Wesen der Dinge und ihre Materie. So wie die Dinge, die wir erkennen, kein Sein haben, so sind umgekehrt von ihrem Werden und Vergehen immer bloß die Formen betroffen, die Erscheinungen der Dinge, aber nicht das Ding an sich unabhängig von der Vorstellung, also das wirklich Seiende. Das Werden ist der ununterbrochene Wandel in der Anordnung der Elemente, die aus einem Stadium herausgehen, um an anderer Stelle Platz zu nehmen. Den einen Ablauf nennen wir Vergehen, den anderen Werden. Das Vergehen ist die Bedingung des Werdens, das Werden die Bedingung des Vergehens. Werden und Vergehen sind Veränderungen nach dem Gesetz von Ursache und Wirkung, sie sind dieselbe Erscheinung aus entgegengesetzten Perspektiven beobachtet: Vergehen ist Werden, Werden ist Vergehen.

Die Verfasser der Upanishaden betrachteten nicht nur alle Dinge, sondern überhaupt alles Werden und Vergehen, jede sinnliche Wahrnehmung und Vielheit, als eine Täuschung. Nur das anfangs- und endlose Brahman, das ewige, unzerstörbare Wesen hatte in den Upanishaden Realität:

„Werden ist Schein, Bewegung Schein,
Das Dingliche ist bloßer Schein;
Nichtwerdend, unbewegt, dinglos,
Still, zweiheitlos die Wahrheit ist. (...)
Wer geistumnachtet, sieht werdend
Alles, ein Ew'ges kennt er nicht;
In Wahrheit alles ist ewig,
Vernichtetwerden gibt es nicht."
(Mândûkya-Kârikâ)

Das Werdende und Vergehende sind Objektivationen des Willens im Sinne Schopenhauers, Erscheinungen der universalen Urkraft. Ausgehend von den Daten, die unsere Sinne liefern, stellt der Verstand diese Erscheinungen als Anschauungen vor. Insofern haben die Vorgänge in der Welt eine empirische Realität, aber eben nur in unseren Köpfen. Die Erscheinungen sind Abbilder der ewigen Ideen im Sinne Platons. Nach diesen Urbildern ist die Welt, wie wir sie anschaulich vorstellen, aufgebaut. Das eine können wir nur durch die Weisheit der Gedanken erkennen, das andere, Flüchtige, mit den Sinnen. *„Zuerst nun haben wir, meiner Meinung nach, dies zu unterscheiden: was ist das stets Seiende, das Entstehen nicht an sich hat, und was das stets Werdende, aber niemals Seiende; das eine, stets gemäß demselben Seiende ist durch Vernunft mit Denken zu erfassen, das andere dagegen durch Vorstellung vermittels vernunftloser Sinneswahrnehmung vorstellbar, als entstehend und vergehend, nie aber wirklich seiend."* (Platon)

Wir Menschen selbst sind Erscheinungen, die werden und vergehen, wovon das Werden durch die Zeugung und Geburt repräsentiert wird, das Vergehen durch den Tod. Das intelligible Substrat jeder Erscheinung, das Ding an sich, der Wille zum Leben, ist jedoch unvergänglich, außerhalb von Zeit, Raum und Kausalität; es ist das Reale unabhängig von unserer Vorstellung, im Gegensatz zu dem, was nur vorgestellt werden kann. Auch die Materie ist zeitlos, sie ist jedoch nicht das Formende, sie wird geformt. Das, was sie formt, was sich in ihr ausdrückt, ist der Wille, die universale Urkraft, der ewig fordernde Drang, zu sein und zu wirken. Die Geburt ist nur die Illusion, daß etwas beginne, gleichsam erschaffen wird, wie der Tod bloß eine Täuschung ist, als ob etwas zerstört werde.

*

Die Spekulation über ein endgültiges Ende, vor dem sich Menschen fürchten, hat eine Grundlage in der Einbildung, daß es Nichts gibt, und in dem Glauben an die Erschaffung der Welt aus Nichts. Daher rührt die Auffassung, daß ein Mensch durch die Zeugung aus diesem Nichts erst geschaffen werde. *„Die Annahme, daß der Mensch aus Nichts geschaffen sei, führt nothwendig zu der, daß der Tod sein absolutes Ende sei.“* (Arthur Schopenhauer) Die Einbildung von Nichts ist jedoch eine Täuschung. Nichts wird als Wort der Alltagssprache durch Gewohnheit inflationär verwendet, da macht wohl niemand eine Ausnahme. Streng genommen wird der Begriff fast immer falsch gebraucht. *„Nichts, d. i. ein Begriff ohne Gegenstand“* (Immanuel Kant). Wenn von Nichts die Rede ist, dann ist gewöhnlich nicht tatsächlich Nichts gemeint, sondern lediglich das Fehlen von etwas. *„Realität ist etwas, Negation ist nichts, nämlich, ein Begriff von dem Mangel eines Gegenstandes“* (Immanuel Kant). Wenn etwas nicht da ist, dann ist das, was an dessen Stelle da ist, etwas anderes, auch wenn es nur Luft ist, jedoch ganz sicher ist da nicht Nichts.

Nichts könnte es hypothetisch nur geben, falls ohne Ausnahme alles, was es gibt, nicht existierte und nie existiert hätte (wobei der Satz, daß es Nichts geben könnte, bereits in sich ein Widerspruch ist). Dies müßte unabweisbar so ein, denn in jedem anderen Fall wäre Nichts ja nicht Nichts. Eine logische Abgrenzung des Begriffs verbietet, daß Nichts mit Etwas gemeinsam existiert. Wenn Etwas ist, schließt dies Nichts aus, und gäbe es Nichts, wäre Etwas unmöglich. In Anbetracht der Existenz des Universums und seiner unvorstellbaren Expansion in Zeit und Raum hat diese Feststellung erhebliche Folgen: Innerhalb des Universums ist Nichts unmöglich; auch außerhalb könnte es nicht sein, da das Universum ja besteht, weshalb alles drumherum irgendetwas, Leere oder Vakuum, nur eben nicht Nichts sein könnte. Angenommen, es wäre doch Nichts, dann wiederum wäre das Bestehen des Universums ausgeschlossen. In diesem Fall könnte das Nichts nicht außerhalb eines Universums sein, das Nichts müßte überall sein, wobei auch diese Aussage ein Widerspruch in sich ist. Wäre das Nichts, dann niemals und an keinem Ort.

Wie weit und wie verdreht man nun solche Gedankenspiele führen will, immer führt der Ausgang darauf, daß Nichts nicht real ist, sich nicht vorstellen und erst recht nicht darstellen läßt. Es ist nur, der Realität widersprechend, ein erfundenes Gebilde der Einbildungskraft, eine hohle Worthülse. Durch die Sprachgewohnheit hat der Etikettenschwindel mit dem falschen Wort tiefgreifende Auswirkungen auf die Gedanken über die Sache. Menschen erliegen der Täuschung, daß Nichts in der Realität ist oder wenigstens möglich wäre, alleine nur, weil es das Wort gibt. Die richtige Bedeutung des Wortes führt sich jedoch selbst ad absurdum. Wäre Nichts, dann gäbe es kein Wort dafür, weil es keine Menschen gäbe, und auch sonst wäre alles andere nicht. Zugespitzt könnte man sagen: Daß wir das Wort Nichts haben, beweist, daß es kein Nichts geben kann. Das einzige Nichts, das diese Bezeichnung verdient, wäre die Verneinung von allem; alles andere ist niemals Nichts. Jedes Fabelwesen hat dem Nichts voraus, daß man es sich immerhin vorstellen kann; das Nichts ist bloß abstrakt als Gedankenexperiment beschreibbar.

Wenn man nun all diese Erwägungen mit der Konsequenz, daß es kein Nichts gibt, im Hinblick auf unsere Frage nach dem Tod betrachtet, dann wiegen die Folgen schwer. In Bezug auf die eigene Existenz widerspricht sich jeder religiöse Gläubige, der meint, er sei aus Nichts erschaffen worden, um danach für alle Ewigkeiten zu sein. *„Denn als unvergänglich kann ein vernünftiger Mensch sich nur denken, sofern er sich als anfangslos, als ewig, eigentlich als zeitlos denkt. Wer hingegen sich für aus Nichts geworden hält, muß auch denken, daß er wieder zu Nichts wird: denn daß eine Unendlichkeit verstrichen wäre, ehe er war, dann aber eine zweite angefangen habe, welche hindurch er nie aufhören wird zu seyn, ist ein monstroser Gedanke.“* (Arthur Schopenhauer) Wer nun, anders herum, Angst davor hat, nach dem Tod zu Nichts zu werden, der muß auch meinen, daß er aus Nichts erschaffen wurde, gleichsam als ob vor seiner Zeugung Nichts gewesen wäre, was hieße, daß er auch durch Nichts gezeugt worden sei – eine ähnlich absurde Grille.

Ebensowenig, wie Nichts möglich ist, gibt es einen absoluten Anfang oder ein absolutes Ende, sondern nur ein zeitloses Wesen, ohne Anfang und Ende, ohne Ursache und einheitlich, ungeteilt in allem. Diese Auffassung ist, wie wir gesehen haben, fast dreitausend Jahre alt. Jeder Anfang ist nur relativ, ob einer Form oder einer Bewegung, und ist Erscheinung, bedingt durch anderes, eine Ursache, die vorhergegangen sein muß und selbst die Wirkung einer weiter entfernten Ursache war, und immer so weiter. Bei dem Großmeister der Aufklärung lesen wir: *„Sowohl hier, als bei den übrigen kosmologischen Fragen, ist der Grund des regulativen Prinzips der Vernunft der Satz: daß im empirischen Regressus keine Erfahrung von einer absoluten Grenze, mithin von keiner Bedingung, als einer solchen, die empirisch schlechthin unbedingt sei, angetroffen werden könne. (…) Dieser Satz nun, der eben so viel sagt, als: daß ich im empirischen Regressus jederzeit nur zu einer Bedingung gelange, die selbst wiederum als empirisch bedingt angesehen werden muß, enthält die Regel in terminis: daß, so weit ich auch damit in der aufsteigenden Reihe gekommen sein möge, ich jederzeit nach einem höheren Gliede der Reihe fragen müsse, es mag mir dieses nun durch Erfahrung bekannt sein, oder nicht.*" (Immanuel Kant)

Die Welt hat also keinen absoluten Anfang, der notwendig ebenfalls eine Ursache – einen Anfang vor dem Anfang – haben müßte, die auch wiederum bloß Wirkung einer anderen Ursache davor gewesen wäre. Der sogenannte Urknall war daher kein absoluter Anfang, indem Materie aus Nichts erschaffen wurde. Materie ist unentstanden und unzerstörbar, allein ihr Aufbau in wechselnden Formen wandelt sich. Alle Anfänge sind relativ, wozu auch die Zeugung und die Geburt gehören, und markieren immer bloß das Beginnen einer Form, nie das Entstehen der Substanz oder des inneren Wesens der Form. Ebenso ist jedes Ende, also auch der Tod eines Individuums, relativ, da lediglich die Form vergeht, währenddessen ihr Wesen und ihre Substanz unverändert bleiben. Der Urknall, vor unfaßbar langer Zeit, war nicht der absolute Anfang des Seins, sondern der Beginn einer Entwicklung veränderlicher Erscheinungen in der Zeit und im Raum nach den Gesetzen der Kausalität.

Ob wir nun die Welt oder unsere Existenz verstehen wollen, die Fragen nach Anfang und Ende versperren die Sicht auf das Wesen aller Entwicklungen. Diese beiden Ränder der Erscheinungswelt offenbaren nur die Grenzen unserer Fähigkeiten zur anschaulichen Erkenntnis. Mit Blick auf die Ränder des eigenen Lebens, auf die Geburt und den Tod, wird der Mensch verleitet, analog nach dem Anfang und dem Ende der Welt zu forschen. Schon die Geburt und auch der Tod sind aber bloß Erscheinungen in Zeit und Raum, weder ein echter Anfang noch ein absolutes Ende. Die Fragen nach dem Woher und dem Wohin münden zum Teil darin, religiöse Erklärungen zu suchen und die Existenz eines Schöpfers vorauszusetzen, und zum anderen Teil in der naturwissenschaftlichen Untersuchung des vermeintlichen Anfangs unserer Welt. Einige glauben danach an einen Gott, Andere an den Urknall, und wohl nicht wenige an beides. Beide Modelle, die religiösen wie die naturwissenschaftlichen, haben den Haken, daß sie voraussetzen müssen, ihre Welt sei magisch aus Nichts entstanden. Dann müßte sie allerdings, irgendwann, auch ein Ende haben. Das Gesetz von Ursache und Wirkung macht einen absoluten Anfang und ein absolutes Ende jedoch unmöglich. Der sogenannte Urknall ist lediglich als ein relativer Anfang denkbar. Vergleichbares gilt für ein mögliches, relatives Ende, falls das Universum in sich zusammenfällt und die Materie zwar unendlich verdichtet wird, wie vor dem Urknall, aber nicht vernichtet wird.

Eine Welt ohne absoluten Anfang und ohne absolutes Ende stellt auch unsere gewohnte Vorstellung infrage, wie die Zeit abläuft. Zeit ist, wie wir wissen, eine Erkenntnis a priori, Anschauungsform des Verstandes, die zu diesem Zweck allerdings, wie ich zu ergänzen mir erlaubt habe, ganz sicher nur die minimale Differenz von jetzt und nicht jetzt kennt. Das komplexe, mehrstufige Zeitbewußtsein des Menschen ist erst ein Ergebnis von Erfahrung. In einer Welt ohne Anfang und Ende ist ein starrer, linearer Zeitablauf mit Vergangenheit, Gegenwart und Zukunft allerdings ohne Gewißheit.

In Abschnitten, umrahmt von einem relativen Anfang und einem relativen Ende, ist der Zeitablauf zweifelsohne linear. Aus der Perspektive des werdenden und vergehenden Individuums ist ein lineares Zeitbewußtsein durchaus einleuchtend, markieren doch Geburt und Tod den relativen Anfang und das relative Ende. Das hat allerdings zur Folge, daß wir uns die Ewigkeit, soweit wir abstrakt an sie denken, stets nur als eine unbegrenzte Fortsetzung der Zeit in die Zukunft vorstellen können, ein unendliches Aufeinanderfolgen von Erscheinungen, in der es nie zurück, sondern stets vorwärts geht. Jeder Zeitpunkt in der Vergangenheit und in der Zukunft nach unserem Tod muß uns deshalb unerreichbar vorkommen. Wir reiten auf dem linearen Zeitpfeil auf den Abgrund zu, weil der Verstand mit den beschränkten Möglichkeiten nicht über diese Vorstellung hinaus kann. Außerhalb der Erscheinungswelt, in der universalen Gesamtheit aller Dinge und Ereignisse, ist die Ewigkeit jedoch ein beharrendes Jetzt. In der unentstandenen, anfangs- und endlosen Welt ist die Zeit kein linearer Pfeil mit unendlich vielen, einzigartigen Punkten in einer starren Abfolge; sie läuft auch nicht irreversibel ab von einem absoluten Anfang hin zu einem absoluten Ende. Die Zeit, die außerhalb unserer Vorstellung ohnehin keine Realität hat, wie wir sie uns gewöhnlich vorstellen, läßt sich jenseits der Erscheinungswelt viel eher wie die Oberfläche einer Kugel vorstellen, auf der man ohne Anfang und Ende in jeder Richtung unbegrenzt viele Wege absolvieren kann, die sich auch überschneiden könnten. Als Erscheinung weilt der Mensch nur temporär darauf. Einzelne Strecken auf der Zeitkugel sind zwar linear und ihre Abschnitte nacheinander geordnet, auf der Kugel als Ganzes hängt jedoch ohne Anfang und Ende alles zusammen, trifft sich nie, einmal oder mehrmals.

Die Zeugung eines Menschen ist eine Veränderung, der unfaßbar viele Zustände und Veränderungen nach dem Gesetz der Kausalität vorausgegangen sind; die Geburt ist eine Veränderung; schließlich ist der Tod eine Veränderung, dem ebenso unfaßbar viele Zustände und Veränderungen folgen werden. Ganz sicher sind die Zeugung oder die Geburt kein Anfang, und ebenso sicher ist der Eintritt des Todes kein Ende. Die Erscheinung entsteht, wandelt sich und vergeht; die Materie und das Wesen der Welt, das auch unser eigenes Wesen ist, bleiben beharrlich und ewig, unabhängig von den Läufen der Zeit.

VI. Schopenhauer: Unzerstörbarkeit unseres wahren Wesens

Der im vergangenen Kapitel skizzierte Standpunkt widerstrebt dem üblichen Denken. Er proklamiert weder den Glauben an ein Leben nach dem Tod, nachdem der Mensch, aus Nichts geschaffen, erst durch die Geburt in die Welt getreten ist, noch kann er in die Überzeugung münden, daß der Mensch durch den Tod völlig vernichtet wird. Diese beiden Auffassungen sind jedoch die vorherrschenden, wenigstens in unseren Breitengraden. Ich will den hier vertretenen Standpunkt daher noch einmal vertiefen, indem wir genauer und im Zusammenhang betrachten, was Schopenhauer über die Unzerstörbarkeit unseres wahren Wesens durch den Tod geschrieben hat. Man findet seine Ausführungen dazu an verschiedenen Stellen seines Werkes, insbesondere aber, und zusammenhängend, in seinem Hauptwerk *„Die Welt als Wille und Vorstellung"*, und zwar im zweiten Band in dem Kapitel *„Ueber den Tod und sein Verhältniß zur Unzerstörbarkeit unsers Wesens an sich"*. Ich empfehle sehr, die Abhandlung bei Gelegenheit auch im Original zu lesen, nicht nur diese Zusammenfassung.

Im Unterschied zum Tier ist sich der Mensch dank seiner Vernunft des Todes gewiß. Dieses Resultat des Denkens erschreckt, das Denken birgt aber auch das Potential zur Linderung dieses Schreckens. *„Wie aber durchgängig in der Natur jedem Uebel ein Heilmittel, oder wenigstens ein Ersatz beigegeben ist; so verhilft die selbe Reflexion, welche die Erkenntniß des Todes herbeiführte, auch zu m e t a p h y s i s c h e n Ansichten, die darüber trösten, und deren das Thier weder bedürftig noch fähig ist."* (Arthur Schopenhauer) Eine Religion, die lehrt, daß der Mensch durch einen Anderen aus Nichts geschaffen wird, kann diesen Trost nicht leisten, da der Widerspruch eines ewigen Lebens nach dem Tode, nachdem man vor der Geburt Nichts gewesen ist, doch schnell auffällig wird.

Um die Unzerstörbarkeit unseres wahren Wesens zu veranschaulichen, verglich Schopenhauer das Leben mit Vorgängen in der unorganischen Natur. Die Naturkräfte sind ewig und überall. Niemand käme auf die Idee, die Schwerkraft sei aufgehoben, wenn ein Pendel zur Ruhe gekommen ist. Ebensowenig darf man aus dem Ende eines individuellen Lebens auf die Vernichtung des belebenden Prinzips schließen. *„Gewiß aber wissen wir, daß (…) nur Das vergänglich ist, was in der Kausalkette begriffen ist: dies aber sind bloß die Zustände und Formen. Unberührt hingegen von dem durch Ursachen herbeigeführten Wechsel dieser bleibt einerseits die Materie und andererseits die Naturkräfte: denn Beide sind* *die Voraussetzung aller jener Veränderungen.*" (Arthur Schopenhauer) Diese Einsicht enthält schon einen gewissen Trost gegen die Angst vor dem Tod, nämlich den, daß das, was uns ausmacht, ohne das wir nicht leben könnten, auch in unserem Tode noch ebenso fortexistiert wie es vor unserer Geburt schon ewig gewesen war. „*Indessen ist es immer etwas, und wer den Tod als seine absolute Vernichtung fürchtet, darf die völlige Gewißheit, daß das innerste Princip seines Lebens von demselben unberührt bleibt, nicht verschmähen.*" (Arthur Schopenhauer)

Leben oder Tod eines Individuums sind der Natur gleichgültig, denn die Vernichtung einer Erscheinung zerstört nicht ihr wahres Wesen. Die Ordnung der Dinge, ihr Werden und Vergehen, ist nur ein oberflächliches Phänomen, aber eben das einzige, was wir anschaulich erkennen können. Sein und Nicht-Sein der Individuen ist nur relativ, ein durch unseren Intellekt mit seinen Erkenntnisformen Zeit, Raum und Kausalität Bedingtes. Unter der Oberfläche, unabhängig von Zeit, Raum und Kausalität, ist ihr wahres Wesen verborgen. Wir beginnen, das zu erahnen, wenn wir in einer Erscheinung nicht mehr nur das Einzelne, sondern den Ausdruck des Allgemeinen erblicken, die Idee, wie Platon sie nannte. Unser Intellekt, wie wir dank Kant wissen, zeigt uns aufgrund seiner Beschränkungen eben nicht die Dinge, wie sie an sich sind, ihr wahres Wesen, sondern nur, wie sie für Andere sind, also wie sie uns mit unseren Erkenntnisformen Zeit, Raum und Kausalität erscheinen. „*Was also dringt sich unwiderstehlicher auf, als der Gedanke, daß jenes Entstehen und Vergehen nicht das eigentliche Wesen der Dinge treffe, sondern dieses davon unberührt bleibe, also unvergänglich sei, daher denn Alles und Jedes, was daseyn will, wirklich fortwährend und ohne Ende da ist.*" (Arthur Schopenhauer)

Die Gattung lebt allezeit, und identisch mit ihr sind die Individuen da, in endloser Gegenwart. Wie nachts die Welt unterzugehen scheint, ohne doch nur einen Moment ihre Existenz aufzugeben, so scheinen auch nur die Menschen und Tiere durch den Tod unterzugehen, während ihr wahres Wesen fortbesteht, und dieses Wesen ist der Wille zum Leben. „*Dies ist die zeitliche Unsterblichkeit. In Folge derselben ist, trotz Jahrtausenden des Todes und der Verwesung, noch nichts verloren gegangen, kein Atom der Materie, noch weniger etwas von dem innern Wesen, welches als die Natur sich darstellt.*" (Arthur Schopenhauer) Der Anspruch auf eine individuelle Unsterblichkeit, die der Mensch im Gegensatz zum Tier erhebt, ist für Schopenhauer eine Anmaßung und der ganz falschen Auffassung der Welt durch unsere beschränkte Sinnlichkeit geschuldet, die für real hält, was doch bloß Erscheinung ist in den Formen von Zeit, Raum und Kausalität. Die Realität kommt bloß den bleibenden, man könnte sagen allgemeinen, Formen der Dinge zu, den Ideen nämlich im Sinne Platons. *„Wie die zerstäubenden Tropfen des tobenden Wasserfalls mit Blitzesschnelle wechseln, während der Regenbogen, dessen Träger sie sind, in unbeweglicher Ruhe feststeht, ganz unberührt von jenem rastlosen Wechsel; so bleibt jede Idee, d.i. jede Gattung lebender Wesen, ganz unberührt vom fortwährenden Wechsel ihrer Individuen. Die Idee aber, oder die Gattung, ist es, darin der Wille zum Leben eigentlich wurzelt und sich manifestirt"* (Arthur Schopenhauer). Die Zeit ist nur eine Erkenntnisform des Verstandes, keine Eigenschaft des Dinges an sich. *„Nun ist der Tod das zeitliche Ende der zeitlichen Erscheinung: aber sobald wir die Zeit wegnehmen, giebt es gar kein Ende mehr und hat dies Wort alle Bedeutung verloren."* (Arthur Schopenhauer)

Das innere Wesen liegt in der Gattung, aber das Individuum hat das Bewußtsein, weshalb es sich als unterschieden von den anderen Angehörigen der Gattung betrachtet. Doch das ist nur Schein, ihr wahres Wesen, der Wille zum Leben, ist allen Angehörigen der Gattung gleich. Dabei sind wir nicht nur Eines mit allen Angehörigen unserer Gattung, sondern mit allem überhaupt. Unser Wille zum Leben, unser innerstes Wesen, ist das wahre Wesen der gesamten Welt. Und alle ihre Erscheinungen liegen bloß in unserer Vorstellung, ohne die keine Welt existieren könnte. Daher ist auch die Vorstellung einer Welt ohne uns, nach unserem Tod, gar nicht möglich ohne uns selbst, da eine solche Vorstellung nämlich nur Erscheinung in unserem Bewußtsein sein kann.

Schopenhauer gibt uns einen weiteren Hinweis an die Hand, warum wir den Tod, das Nicht-Sein, nicht zu fürchten haben. Unsere Existenz beruht auf einer Notwendigkeit, sonst wären wir nicht. Vorher ist eine unendliche Zeit mit einer unendlichen Zahl von ebenso notwendigen Veränderungen vergangen, die unser Dasein nicht haben anfechten können. Wer sich dessen bewußt ist, darf sich sicher sein: *„Könnte er jemals nicht seyn; so wäre er schon jetzt nicht. Denn die Unendlichkeit der bereits abgelaufenen Zeit, mit der darin erschöpften Möglichkeit ihrer Vorgänge, verbürgt, daß was existirt, nothwendig existirt."* (Arthur Schopenhauer) Unserem wahren Wesen muß also die unvergängliche Existenz innewohnen, da sie unabhängig ist von allen nach den Gesetzen der Kausalität auftretenden Veränderungen. *„Könnte die Zeit (…) uns dem Untergange entgegenführen; so wären wir schon längst nicht mehr. Daraus, daß wir jetzt da sind, folgt, wohlerwogen, daß wir jederzeit daseyn müssen.“* (Arthur Schopenhauer) Der Schlüssel zum Verständnis dieser Auffassung liegt in der, von Kant begründeten, Erkenntnis der Idealität der Zeit und der einzigen Realität, nämlich des Dinges an sich. Daraus ergibt sich, daß das Wesen aller Dinge ewig außerhalb der Zeit ist, und daß alle Veränderungen nur Erscheinungen sind, die unsere Vorstellung mittels der Anschauungsform der Zeit konstruiert.

Allerdings ist das, was durch den Tod nicht zerstört werden kann, nicht das Individuum, welches jedoch der Träger des Bewußtseins ist. Die ewige Dauer unseres wahren Wesens, das soviele Potentialitäten neuer Individuen in sich birgt, ist daher nur ein Ersatz für die Endlichkeit des Individuums. *„Denn im Grunde ist doch jede Individualität nur ein specieller Irrthum, Fehltritt, etwas das besser nicht wäre, ja, wovon uns zurückzubringen der eigentliche Zweck des Lebens ist.“* (Arthur Schopenhauer) Hiermit sind wir wieder bei dem Einwand aus Kapitel III gegen die Angst vor dem Tod, der das Leben als Leiden betrachtet und den Tod als Erlösung davon propagiert.

Schopenhauers Lehre von der Unzerstörbarkeit unseres innersten Wesens läuft darauf hinaus, daß wir als Einzelwesen, als Erscheinung individueller Menschen, durchaus vergänglich sind, und das nur unser Wesen an sich, welches wir mit allen anderen Dingen und Lebewesen teilen, von der Vernichtung durch den Tod ausgenommen ist, da es eben ganz außerhalb der Zeit und damit außerhalb einer Kette von Veränderungen ist. Die Unzerstörbarkeit unseres Wesens ist also keineswegs eine Fortdauer, denn diese ist selbst bereits ein zeitlicher Begriff. Einen Einwand gegen die Angst vor dem Tod finden wir in Schopenhauers Lehre daher nur, wenn wir uns ganz auf seinen metaphysischen Standpunkt begeben, damit nicht nur die Hoffnung auf ein individuelles Bewußtsein im Tode (und vor der Geburt) aufgeben, sondern überhaupt jede Überzeugung von echter, realer Individualität fahren lassen.

Schopenhauers Standpunkt ist ein beträchtlicher Trost. Allerdings betrifft er nur das Wesen aller Dinge, das nicht individuell ist. Einen Einwand gegen die Angst vor dem Tod findet man darin, wenn und soweit man sich eins fühlt mit allen Lebewesen und der Natur, wenn man also das Wesen der Welt, den Willen zum Leben, den Brahman und Âtman der alten Inder, als das eigene Wesen erkannt und angenommen hat, ja darin aufgeht. Wer jedoch die Vernichtung der eigenen Individualität durch den Tod fürchtet, für den bleiben die Worte Schopenhauers unbefriedigend, da sie die Angst vor dem Tod des Individuums allenfalls relativieren, aber nicht voll und ganz besänftigen können.

VII. Anmerkungen zum Selbstmord

Ich erlaube mir an dieser Stelle einen kleinen Einschub, der streng genommen gar nicht in dieses Buch gehört. Das Folgende betrifft nicht den Tod und was er ist, nicht einmal die Angst vor dem Tod, sondern die Art des Sterbens. Es gibt bekanntlich viele Arten des Sterbens, viele Ursachen und Umstände, die zum Tod führen. Anders als Unfall, Mord, Krankheit oder Alter ist der Selbstmord von eigener Art, weil der Tod gewollt wird. Er ist gewissermaßen das Gegenstück zu der Angst vor einem zu frühen Tod. Der Selbstmord kann eine Konsequenz sein für den, der die Angst vor dem Tod überwindet und am Ende das Leben mehr fürchtet oder verabscheut als den Tod. Daher soll hier einmal kurz aufgezeigt werden, welchen Standpunkt man gegenüber dem Selbstmord einnehmen kann. In unserem Zusammenhang ist der Selbstmord auch deshalb von Interesse, weil ihm eine Einbildung vorausgeht, demnach der Tod wirklich das Ende sei.

Wer an den Leiden des Lebens verzweifelt, wenn er sich ohne Erfolg darum bemüht hat, den Leiden auszuweichen oder sie im Leben aufzuheben, dessen Gedanken kreisen um den Selbstmord in der Erwartung, auf diesem letzten Ausweg die Leiden endgültig hinter sich zu lassen. Die Weisen der Vergangenheit waren sich zu dieser Frage überhaupt nicht einig und vertraten teils völlig konträre Auffassungen. Kant schrieb ausgesprochen abschätzig über den Selbstmord; er bezeichnete den Selbstmord, je nach Anlaß und Absicht, als Verzagen, Feigheit, feige Verzweiflung oder Schwäche. Im Gegensatz zu Kant hatte Seneca den Selbstmord bei rechtem Anlaß regelrecht empfohlen, fast propagierte er ihn als einen probaten Ausweg aus dem Schmerz und lieferte gleich eine Anleitung dazu. *„Blicke nur um dich, überall findet sich ein Ende für dein Leid. Siehst du jene steile Höhe? Dort führt ein Weg zur Freiheit. (…) Siehst du deine Kehle, deine Gurgel, dein Herz? Sie bieten dir Flucht aus der Knechtschaft. (…) Suchst du nach einem Weg zur Freiheit? Jede Ader an deinem Körper bietet ihn.“* (Seneca) Auch Montaigne war ein Befürworter des Selbstmordes: *„Der freywillige Tod ist der allerschönste. Unser Leben hänget von dem Willen anderer Leute, der Tod von unserm eigenen ab. (…) Das Leben ist nichts anders als eine Dienstbarkeit, also ist das Sterben die Befreyung davon. (…) der Narr lebte der Natur gemäß, wenn er, ungeacht er elend ist, das Leben behält“* (Michel de Montaigne).

Schopenhauers Sache war es nicht, gleich Kant den Zeigefinger zu heben. Vielmehr wies er in der Konsequenz seiner Philosophie darauf hin, daß der Ausgang aus dem Leben keineswegs ein Ausgang aus dem Leiden ist. Ganz anders, als es vordergründig erscheint, bejaht der Selbstmörder den Willen zum Leben. Die Heiligen, die den Willen zum Leben tatsächlich verneinen, handeln anders: Sie gehen nicht dem Leiden aus dem Weg, sondern meiden die Genüsse des Lebens. Den Selbstmord beurteilte Schopenhauer daher so: „*Weit entfernt Verneinung des Willens zu seyn, ist dieser ein Phänomen starker Bejahung des Willens. Denn die Verneinung hat ihr Wesen nicht darin, daß man die Leiden, sondern daß man die Genüsse des Lebens verabscheuet. Der Selbstmörder will das Leben und ist bloß mit den Bedingungen unzufrieden, unter denen es ihm geworden. Daher giebt er keineswegs den Willen zum Leben auf, sondern bloß das Leben, indem er die einzelne Erscheinung zerstört. (...) Eben weil der Selbstmörder nicht aufhören kann zu wollen, hört er auf zu leben*" (Arthur Schopenhauer). Schopenhauers Ablehnung des Selbstmords hatte ein anderes Niveau als die bloß moralisierenden Zeigefinger der Kleriker, Staatsvertreter und hoffnungslosen Optimisten. Diskussionen über Sterbehilfe oder überhaupt über das Recht, sich selbst zu töten, sind bizarr und ein Tummelplatz für Kleingeister. Fragen, die der Selbstmord aufwirft, kann kein Paragraph beantworten.

Noch zu Lebzeiten Schopenhauers antwortete der Philosophiehistoriker Georg Weigelt klug und abwägend auf die Ausführungen Schopenhauers. Für Weigelt waren Verzweiflung und Enttäuschung nicht die alleinigen Auslöser, die in den Selbstmord münden. Nach seiner Auffassung kann Erkenntnis durch kühle Berechnung zum Antrieb werden, wodurch der Selbstmord dann doch zu einer Tat wird, die die Verneinung des Willens vollzieht. Weigelt stimmte durchaus zu, daß ein Selbstmörder nicht das Leben selbst ablehnt, sondern die Erfahrungen, die er in seinem Leben erworben hat. Die echte Verneinung des Willens durch die Heiligen, die sich durch ihre Askese und Verachtung leiblicher Genüsse ausdrückt, hielt Weigelt aber, im Unterschied zu Schopenhauer, für durchaus gleichartig mit dem Selbstmord. Wer das tut, meinte Weigelt, der darf, ja muß vielleicht auch den letzten Schritt gehen. „*Wenn wir ihm auch darin Recht geben müssen, daß der Selbstmord keine sittliche Berechtigung hat, weil der Selbstmörder eigentlich nicht das Leben, sondern das verneint, was ihm das Leben bietet: so ist doch nicht abzusehen, inwiefern die Entsagung und Abtötung des natürlichen Willens kein Selbstmord ist. Warum nur langsam das herbeiführen oder herbeisehnen, was durch eine mehr energische Verneinung des Willens rasch gewonnen werden kann? Nicht der Selbstmord aus Hoffnungslosigkeit, wohl aber der aus philosophischer Erkenntniß, er und nicht langsam tödtende Askese ist die Konsequenz*" (Georg Weigelt). Wer den Weg der besonnenen Selbsttötung nicht wählt, hätte dann nur noch die Alternative, sich verzweifelt, alle Erkenntnisse ignorierend, an sein Leben mit allen Leiden zu klammern.

Allerdings gibt es einen gewichtigen Einwand gegen den Selbstmord. Wir haben gesehen, daß das Leben Leiden ist, aus dem es keinen Ausgang während des Lebens gibt. Nun haben jedoch einige Menschen den allerdings seltenen Vorzug, ihr Leben und ihr Leiden mit einem Anderen zu teilen, worin beide einander in unbedingter Zuneigung verbunden sind. In einer solchen Verbindung können wir eine echte Linderung des Leidens allein durch die Gegenwart des geliebten Menschen erfahren. Liebende haben wechselseitig die Verpflichtung, für einander zu leben. Diese Pflicht erfordert auch, das eigene Leiden zu ertragen, weil ein vorzeitiger Tod den Geliebten unermeßlich leiden ließe. Das eigene Leiden muß ohne Rücksichtnahme auf die eigenen Empfindungen um jede wertvolle Minute verlängert werden, wobei das Leiden durch die Gegenwart des geliebten Menschen wiederum gelindert wird. Selbst Seneca verlangte dies, auch wenn er ansonsten zum Selbstmord riet: „*Denn gegen edle Empfindungen muß man nachsichtig sein, und zuweilen muß man, aller drängenden Gründe ungeachtet, zur achtungsvollen Schonung der Seinigen den Atem sogar mit quälender Gewalt zurückrufen und selbst noch auf den Lippen zurückhalten, da der Tugendhafte leben muß, nicht solange es ihm beliebt, sondern solange die Pflicht es fordert. (...) Soviel Gewalt soll die Seele über sich haben, wenn die Rücksicht auf die Nächststehenden es heischt: sie soll, und zwar nicht bloß, wenn sie sterben will, sondern auch, wenn sie schon Anstalt dazu getroffen, davon abstehen und sich den Angehörigen weiter widmen.*" (Seneca) Erst nachdem der geliebte Mensch gestorben ist, erlischt die eigene Pflicht, zu leben.

Dieser Ausgang aus dem Leiden des Lebens, die aufrichtige Liebe zwischen zwei Menschen, ist jedoch stets durch die schwersten und dunkelsten Wolken getrübt. Die Endlichkeit des Lebens, nicht des eigenen, sondern das des geliebten Menschen, bereitet Leid; der Tod bedroht jederzeit diese innige Verbindung. Daher hatte Buddha recht, als er sagte:

„Wenn man nichts liebt, hat man nichts zu beweinen,
Drum sind die glücklich nur und ohne Trauer,
Die hier auf Erden nicht an etwas hangen."
(Buddha)

Die wichtigste Erkenntnis unter allen möglichen ist die, daß das Leben vergehen wird, und mit dem Leben alles Glück und alles Leid. Dem Tod freudig entgegensehen kann der alleine, der das Leiden als unvermeidliche Zutat des Lebens anerkannt hat. Bis dahin glimmt in uns die Angst vor dem Tod, sobald wir an die Unvermeidbarkeit des Todes denken. Ohne von ihr eingeschüchtert zu werden, können wir mit der Angst nur dann gelassen leben, wenn wir sie nicht unterdrücken, sondern sie ertragen, indem wir auf unsere Einsichten und unsere Kraft vertrauen. Wer nun dem Tod freudig entgegensieht, der findet in sich keinen positiven Grund für die Anstrengungen, sein Leben zu bewahren, anstatt es selbst zu beenden. Allerdings gibt es einen negativen Grund, sich nicht selbst zu töten, und das ist, schlicht und einfach gesagt, die Tatsache, daß es keinen positiven Grund für den Selbstmord gibt. Als Erscheinung ist unsere individuelle Existenz endlich – also ist auch unser Leiden endlich, ganz gleich, ob es dreißig, fünfzig oder neunzig Jahre dauert.

VIII. Seelenwanderung und Wiedergeburt

Schopenhauers Philosophie tröstete uns damit, daß unser Wesen durch den Tod niemals untergehen kann, weil das Wesen des Menschen, aller Menschen, identisch ist mit dem Wesen der Welt. Und dieses Wesen der Welt, der Wille zum Leben, ist unbedingt, ewig, ohne Anfang und Ende. Das kann der Tod eines Menschen, das Vergehen einer Erscheinung, nicht zerstören. Allerdings bleibt von dem, was einen Menschen zu einem einzigartigen Individuum macht, nichts übrig. Wer an seiner Individualität hängt und eben deren Untergang durch den Tod fürchtet, wird hierin also keinen ganz befriedigenden Einwand gegen seine Angst finden.

Der irritierende Glaube an ein ewiges Leben nach dem Tod, nachdem man aus Nichts gezeugt worden war, wie ihn das Christentum pflegt, ist nicht die einzige Alternative zu den Konsequenzen aus Schopenhauers Philosophie. Schon lange vor Jesu Geburt gab es andere Vorstellungen, die durch die Begriffe Seelenwanderung und Wiedergeburt bezeichnet sind. Es sind wohl nicht wenige Menschen auf der Erde, die in derartigen Gedanken auch heute einen Trost finden. Ich will sie daher wenigstens ganz kurz ansprechen, da sie durchaus eine Berechtigung haben und einen Einwand gegen die Angst vor dem Tod darstellen, gerade auch gegen die Angst eines Individuums vor dem Nicht-Sein. Allerdings liegt den Vorstellungen von einer regelmäßigen Wiedergeburt, wie sie etwa dem Buddhismus entlehnt werden, heutzutage meist ein Mißverständnis zum Grunde, indem die Wiedergeburt als etwas Tröstliches verstanden wird.

Für die alten Griechen war die Seelenwanderung eine ausgemachte Sache und tatsächlich der große Trost gegen die Angst vor dem Tod. So war etwa Sokrates von der Unsterblichkeit der Seele überzeugt. Zu seiner Zeit war es geläufig, an Seelenwanderung zu glauben. Sokrates konnte diese Annahme daher bei seinen philosophischen Gesprächen als akzeptiert voraussetzen, er mußte sie nicht nachweisen. Das Lebende gehe aus dem Toten hervor, meinte Sokrates und folgerte daraus, daß die Seelen zwangsläufig unsterblich sein müssen. *„Und wenn sich dies so verhält, daß die Lebenden wiedergeboren werden aus den Gestorbenen: so sind ja wohl unsere Seelen dort? Denn sie konnten nicht wiedergeboren werden, wenn sie nicht wären.“* (Sokrates, nach Platon) Die Argumente für die Seelenwanderung waren hier also sehr dünn und noch nicht überzeugend. Im Grunde bewies Sokrates seine Schlußfolgerung aus einer Prämisse, die lediglich behauptet und als gegeben gesetzt wurde.

Insofern war der Glaube an eine Seelenwanderung bei Sokrates eben ein Glaube; ein Trost, aber eben nur ein Glaube. Er hatte nicht mehr Substanz als der christliche Glaube an ein ewiges Leben nach dem Tod, auch wenn der Vorstellung einer Seelenwanderung nicht die Plausibilität fehlt wie dem Glauben an ein Weiterleben. Allerdings läßt sich einwenden, daß es ja immer annähernd gleich viele Menschen geben müßte, wenn die Seele eines Gestorbenen in den Leib eines Neugeborenen eingeht. Zwischen 1927, als es zwei Milliarden Menschen gab, und heute mit über acht Milliarden Menschen, hat sich die Weltbevölkerung innerhalb von weniger als einem Jahrhundert vervierfacht, innerhalb einer Zeitspanne also, die nicht viel mehr als das durchschnittliche Lebensalter eines Menschen umfaßt. Da müßte es dann einen ausgewachsenen Mangel an Seelen geben, es sei denn, man bezieht die Seelen anderer Lebewesen in die Vorstellung der Seelenwanderung mit ein.

Das Problem des Seelenmangels unter den Menschen hatten die Upanishaden und der Buddismus nicht, denn sie bezogen tatsächlich alle Lebewesen mit ein in ihre Vorstellungen von einem Kreislauf der Wiedergeburten. Entscheidend für das fortgesetzte Weiterbestehen durch Wiedergeburt war in diesen Vorstellungen das Karma, die Folgen der Handlungen und Absichten, die ein Mensch während seines Lebens verfolgt hat. Die Qualität des nächsten Lebens hängt danach davon ab, ob der Mensch recht anständig gewesen ist oder nicht. Die Upanishaden erklärten damit auch den individuellen Charakter eines Menschen, nämlich abhängig von seinem moralischen Verhalten im vorigen Leben: *„Je nachdem einer nun besteht aus diesem oder aus jenem, je nachdem er handelt, je nachdem er wandelt, danach wird er geboren; wer Gutes tat, wird als Guter geboren, wer Böses tat, wird als Böser geboren, heilig wird er durch heiliges Werk, böse durch böses.“* (Brihadâranyaka-Upanishad) Das gilt nur nicht mehr für den Heiligen, der es geschafft hat, aus dem Kreislauf der Wiedergeburten auszusteigen.

Buddha griff diese Vorstellungen auf, auch er erklärte das Wesen eines Individuums mit seinem Karma in Abhängigkeit von den Handlungen im vorigen Leben. Es gebe niedrige und vorzügliche Individuen: *„‚Eigner der Taten, o Brahmane, sind die Wesen, Erben der Taten, die Taten sind für sie der Schoß (der Wiedergeburt), mit den Taten sind sie verwandt, die Taten sind ihr Schutz. Die Tat unterscheidet die Wesen jeweils nach Niedrigkeit und Vorzüglichkeit.‘“* (Buddha) Wer jemanden töte, werde daher im nächsten Leben kurzlebig sein; wer nicht töte, werde lange leben. Wer Andere quäle, werde nach der Wiedergeburt krank werden; wer niemanden quäle, werde wenig Leiden erfahren. Zornige werden häßlich wiedergeboren, wer nicht zornig sei, werde dann liebenswert sein. Wer Neid empfinde, werde mit wenig Kraft wiedergeboren, mit viel Kraft dagegen der, der keinen Neid hege. Geizige werden im nächsten Leben wenig besitzen, Großzügige dafür viel, und so vergleichbar sei es auch mit anderen Eigenschaften.

Im Buddhismus sind die Vorstellungen einer Wiedergeburt nicht mit einer Seelenwanderung verbunden, wie Sokrates sie voraussetzte. Für Buddha war die Seele kein ewiges Etwas, das immer wieder, nach dem Tod eines Menschen, auf einen neu geborenen Menschen übergeht. Buddha verstand unter der Wiedergeburt einen mysteriösen Ablauf ohne eine ewig fortdauernde Seele. Der Kreislauf der Wiedergeburten sollte vielmehr ein immer wieder fortgeführtes Weiterbestehen sein, das vom Karma abhängt. Um das zu veranschaulichen, nutzte der Buddhismuslehrer Hans Wolfgang Schumann ein Bild. Wenn beim Billard eine Kugel angestoßen werde, dann werde anschließend, entsprechend der Richtung und Stoßkraft bei dieser Kugel, die zweite Kugel angestoßen, entsprechend der Richtung und Kraft der zweiten dann die dritte Kugel, und so gehe es weiter, bis die zuletzt bewegte Kugel keine weitere mehr anstoßen könne. Hierbei gebe es keine identische Substanz, die in allen Kugeln enthalten sei. Der Vorgang der regelmäßigen Wiedergeburten sei ähnlich: „*Die Kontinuität der Wiedergeburtenkette wird nicht hergestellt durch ein beharrendes Etwas (das sich durch die Existenzen zieht wie der Seidenfaden durch ein Perlenhalsband), sondern liegt im Konditionismus der Daseinsformen: Jede Wiedergeburt bedingt eine weitere.*“ (Hans Wolfgang Schumann)

Anders als in den Upanishaden oder bei Sokrates waren die Vorstellungen Buddhas von den Wiedergeburten also ohne eine dauerhafte Seele. Ob dies so sein kann, bleibt letztlich Spekulation. Die regelmäßige Wanderung einer ewigen Seele von Leib zu Leib läßt sich zwar auch nicht beweisen; allerdings gibt es keine plausible Begründung, mit der eine Seelenwanderung verläßlich widerlegt werden kann. Wir dürfen nie vergessen, daß die uns bekannte physische Welt, die Welt der Erscheinungen, immer auch eine metaphysische Rückseite hat, die wir nicht erkennen, aber im Hinblick auf die wir auch nichts ausschließen können.

Zur Frage, ob es Seelenwanderung gibt, liegen sogar einige empirische Indizien vor, die auf die Möglichkeit von Reinkarnationen hinweisen. Natürlich begegne auch ich solchen Berichten mit Skepsis; gleichwohl darf man sie nicht ignorieren. So hat etwa der Arzt Ian Stevenson verschiedene interessante Fälle untersucht und dokumentiert. Darunter waren einige sehr junge Kinder, vier Jahre alt, die sich im Einzelnen an Ereignisse aus einem vorangegangenen Leben erinnern konnten. Die Verstorbenen machte Stevenson ausfindig, und was deren Angehörige über Ereignisse aus dem Leben der Verstorbenen mitteilen konnten, stimmte auch in Details mit dem überein, was die jungen Kinder berichteten. Die Familien der Verstorbenen und der Kinder waren einander unbekannt. Wenn die Verstorbenen gewaltsam getötet worden waren, dann hatten die Kinder, die sich an das vergangene Leben erinnerten, außerdem gerade an den Stellen der tödlichen Verletzungen Muttermale oder andere auffällige Merkmale.

Neben diesen Beispielen, die Stevenson dokumentiert hat, gibt es noch andere Berichte, unter anderem von Erlendur Haraldsson, über vergleichbare Fälle von Erinnerungen sehr junger Kinder. Dieter Hassler berichtete auch über Fälle von Erwachsenen, die sich bei Rückführungen an ein früheres Leben erinnerten, und deren Erinnerungen erstaunliche Übereinstimmungen mit realen Begebenheiten hatten. Diese und andere Berichte eignen sich nicht als wasserdichte Beweise dafür, daß es Seelenwanderung gibt. Zum einen sind es nur seltene Einzelfälle, die ordentlich untersucht und dokumentiert worden sind, das räumen die Autoren selbst ein; und zum anderen auch, daß für einzelne Teile der Phänomene andere Erklärungen denkbar sind. Nichtsdestotrotz sind die Fälle eindrucksvoll und liefern starke Indizien dafür, daß Seelenwanderungen, oder Wanderungen eines unzerstörbaren Substrats anderer Art, zumindest möglich sein können.

*

Alle Vorstellungen von Seelenwanderung und Wiedergeburt haben etwas sehr Tröstliches für den, der den Tod fürchtet, weil er um seine individuelle Existenz bangt. Das gilt natürlich besonders für die sich regelmäßig wiederholende Wiedergeburt einer dauerhaften, individuellen Seele, aber auch noch für die Vorstellung von Wiedergeburten nach dem karmischen Prinzip, wobei hieraus nicht nur Trost, sondern auch Ansporn erwächst. Ich wage die Vermutung, daß der Buddhismus und andere verwandte Lebensphilosophien auch oder vielleicht vor allem deshalb in unseren Breitengeraden ein großes Interesse wecken und Anhänger gewinnen.

Dabei scheint oft ein großes Mißverständnis zu walten. Wer sich dem Buddhismus zuwendet, weil er in seiner Angst vor dem Tod Trost in der Vorstellung einer regelmäßigen Wiedergeburt sucht, ist bei Buddhas Lehre an der falschen Adresse. Die Wiedergeburt ist nicht als Seelentrost gedacht, sondern gewissermaßen eine Strafe dafür, daß man den Durst, das Begehren, nicht überwunden hat. Für den Buddhismus ist das Leben Leiden. Daher ist das Wiedergeborenwerden, womöglich ein häufiges oder gar unendliches Wiedergeborenwerden, alles andere als erstrebenswert. Das Ziel ist vielmehr das Erlöschen, die Aufhebung des Seins, der Eingang ins Nirwana, wie Buddha es als ultimativen und einzigen Ausgang aus dem Leiden lehrte: der Austritt aus Samsara, dem Kreislauf der Wiedergeburten. Man mag sich aus Angst vor dem Tod den Lehren Buddhas zuwenden, doch Buddha versprach keine Wiedergeburt, eher könnte man sagen, er drohte damit. Wer auf Wiedergeburt hofft, hängt noch am Leben, ist weiter von seinem Durst getrieben und will eigentlich nur das Leiden im Leben in die Verlängerung bringen.

In den Grundzügen war die Lehre Buddhas bereits in den Upanishaden angelegt. Auch in ihnen war das Verharren in dem Kreislauf der Wiedergeburten kein erstrebenswertes Ziel, sondern das Schicksal derer, die sich durch das Blendwerk der Mâyâ für Individuen unter vielen verschiedenen Individuen hielten. Die Upanishaden priesen die Aufhebung des Begehrens und des egoistischen Charakters, indem man die All-Einheit aller Wesen erkenne und das eigene Wesen als Teil davon. Auf dieser Stufe der Einsicht habe man den Âtman erkannt, das Prinzip der Welt in jedem Menschen, also auch in sich selbst. Dadurch wisse man, daß das eigene Wesen in allen anderen Menschen sei. Wer das erkannt und das Verlangen abgelegt habe, trete aus dem Kreislauf der Wiedergeburten aus:

„Nicht ist hier Vielheit irgendwie!
Von Tod in neuen Tod stürzt sich,
Wer hier Verschied'nes meint zu sehn."
(Brihadâranyaka-Upanishad)

Die Lehre Buddhas zeigte den Weg, wie sich das Begehren und damit die Welt überwinden läßt. Andere Fragen interessierten Buddha nicht, insofern war sein Anspruch, eine Erlösungslehre zu formulieren, keine Philosophie zum Verständnis der Welt. Ob die Welt ewig oder nicht ewig ist, ob der Raum endlich oder nicht endlich ist, solche Fragen bedeuteten Buddha nichts, auch nicht, ob es ein Leben nach dem Tod gibt oder nicht, ob mit Bewußtsein oder nicht. Er setzte sich intensiv mit den unterschiedlichen Positionen auseinander, die von verschiedenen Asketen und Brahmanen vertreten wurden. Letztlich verwarf Buddha alle Auffassungen, die aus solchen Fragen resultierten, nicht weil er sie für falsch hielt, sondern weil er sie als vollkommen irrelevant erachtete. *„Dies hat der Erhabene erkannt und auch das, was darüber hinausgeht. Doch auf dieses Wissen legt er keinen Wert. Für ihn ist einzig und allein das Wissen, das in der Erlösung besteht, wichtig.“* (Brahmajālasutta über Buddha) Wer sich für andere Fragen interessiere und darüber Ansichten entwickle, sagte Buddha, hänge noch am Leben, sei noch durstig, unwissend. Über das Wesen der Welt, ihre Unendlichkeit oder Endlichkeit, über ein Leben nach dem Tod, ob mit oder ohne Bewußtsein, über all dies äußerte sich Buddha auch nicht. *„Und weshalb, Mālunkyāputta, habe ich dies nicht mitgeteilt? Weil dieses nicht sinnvoll ist und nicht dem ursprünglichen Asketentum entspricht, weil es nicht der Abkehr dient und nicht zur Leidenschaftslosigkeit, nicht zur Auflösung, nicht zur Aufhebung, nicht zur Erkenntnis, nicht zur Erwachung, nicht zum Erlöschen führt.“* (Buddha) Er war ein *„Heilspragmatiker“* (Hans Wolfgang Schumann), kein Philosoph.

Schopenhauer bezeichnete sich selbst als Buddhisten, ohne daß er sich anmaßte, den Willen in sich überwunden zu haben. Buddha war für ihn der Idealtypus eines Heiligen. Im Zusammenhang seiner Philosophie griff Schopenhauer die buddhistische Erlösung im Nirwana auf in seiner Lehre von der Verneinung des Willens im Heiligen. Was Schopenhauer die Verneinung des Willens zum Leben nannte, ist das Privileg der Heiligen, die die Angst vor dem Tod gänzlich überwinden und dem Tod, als letztem Datum ihrer Existenz, freudig entgegensehen. Schopenhauer bestritt immer wieder die Fortdauer von etwas Individuellem nach dem Tod. Die Idee der Seelenwanderung und der karmischen Wiedergeburt betrachtete er weniger im wörtlichen Sinn, sondern v.a. metaphorisch. Dann haben Vorstellungen von einer Wiedergeburt v.a. die Wirkung, daß sie aufgrund des Karmas zu moralisch guten Taten animieren.

Kurz vor dem Ende seines Hauptwerks räumte Schopenhauer allerdings ein, daß auch seine Philosophie in die Vorstellung von einer Art Seelenwanderung münde. Die Unsterblichkeit der Seele betreffe jedoch nicht die gesamte Seele, sofern sie aus dem denkenden Intellekt und dem Willen zusammengesetzt sei. *„Daher gerathen wir hier freilich auf eine Art Metempsychose; wiewohl mit dem bedeutenden Unterschiede, daß solche (...) nicht das erkennende Wesen betrifft, sondern den Willen allein; wodurch so viele Ungereimtheiten entfallen, welche die Metempsychosenlehre begleiten"* (Arthur Schopenhauer). An einer anderen Stelle präzisierte er, was er unter der Seele verstand: *„Die sogenannte Seele ist schon zusammengesetzt: sie ist die Verbindung des Willens mit dem νους, Intellekt."* (Arthur Schopenhauer) Der Wille, der unsterbliche, moralische Kern der Seele, drückt sich in einem Menschen unmittelbar als sein jeweiliger individueller Charakter aus. Diesen Gedanken werde ich im letzten Kapitel wieder aufnehmen.

IX. Vergänglicher Körper, zeitloser Stoff

Wir haben festgestellt, daß die Angst vor dem Tod, gegründet im Willen zum Leben, die Furcht ausdrückt, nicht mehr zu sein, wobei das eigentliche Sein davon gar nicht betroffen ist, sondern nur unsere Existenz als Erscheinung. Auch wenn die Angst nur Gedanken in unserem Kopf sind, so bezieht sie sich doch, bewußt oder unbewußt, vor allem auf unseren Leib. Kurz gesagt: Wir haben Angst, unseren Körper zu verlieren. Denn dieser Körper ist der Umschlagplatz aller Sinneseindrücke und Empfindungen. Wir können nur mit den Augen sehen, mit den Ohren hören, mit der Haut tasten, mit dem Mund schmecken und mit der Nase riechen; wir können unsere Sinneseindrücke nur mit dem Kopf in Vorstellungen verwandeln, und wir können nur mit dem Kopf denken. Was immer sonst noch da sein mag, ohne unseren Leib wird das, was wir durch den Tod aufzugeben fürchten, die Welt als Vorstellung, nicht mehr für uns da sein, da uns jede Möglichkeit zu sinnlicher Erfahrung genommen wird. Auch deshalb hängen wir, hängt unser Wille zum Leben, am Körper, gewissermaßen in wörtlichem Sinn.

Der Angst vor dem Tod können wir nicht entrinnen, indem wir uns Illusionen hingeben, daß unser Körper, als Schatten oder wie auch immer, nach dem Tod irgendwo irgendwie erhalten bleibt. Der Körper geht mit dem Tod unter, als Instrument der sinnlichen Erfahrung werden wir ihn durch den Tod verlieren. Dagegen läßt sich kein plausibler Einwand formulieren. Insofern ist die Angst vor dem Verlust des Körpers durch den Tod verständlich und völlig berechtigt. Allerdings gibt es viele Einwände gegen diese Angst, wenn wir die anderen Aspekte berücksichtigen, die mit dem Leib verbunden sind und mit dem Begehren, zu sein und dauerhaft zu sein. Berechtigt ist die Angst vor dem Verlust des Körpers ohnehin nur, wenn unser Leib etwas ist, an dem zu hängen sich lohnt.

Unser Körper ist Objektivation des Willens zum Leben, der den Körper als vergängliche Erscheinung hervorbringt, selbst jedoch unzerstörbar ist. Daher gilt auch für den menschlichen Leib alles, was wir aus der Lehre vom Werden und Vergehen erfahren haben. Alle Erscheinungen haben lediglich eine relative Existenz. Das hat etwas Bedrohliches, insofern alles vergeht, aber eben auch etwas Tröstliches, da nichts vernichtet wird, sondern alles auf neue Art in anderer Form immer wieder wird. Das ewige Wesen aller Dinge, das die Erscheinungen hervorbringt, wird durch das Vergehen ebensowenig zerstört wie die Materie. Unsere mangelhafte Sinnesausstattung läßt uns jedoch nur die Erscheinungen erkennen, nicht mehr. Unsere Sinne und unser Verstand täuschen uns bloß vor, daß das, was vergeht, vernichtet wird. *„Für uns bedeutet diese Auflösung soviel wie Untergang, denn unser Blick ist nur auf das Nächste gerichtet; auf das, was weiter hinaus liegt, blickt unser stumpfes und dem Körper untertäniges Auffassungsvermögen nicht hin. Sonst würde man mutiger sein und der Seinigen Ende ertragen, wenn man nämlich zuversichtlich glaubte, daß, wie all das Genannte, so auch Leben und Tod nur wechselnde Erscheinungsformen seien und daß, was durch Zusammensetzung entstanden, auch wieder aufgelöst, und was aufgelöst sei, auch wieder zusammengesetzt werde"* (Seneca).

So, wie das Subjekt über die Vernichtung der Objekte irregeführt wird, so wird es auch über das Sein der Dinge getäuscht. *„Ja es ist nicht einmal möglich, zu sagen, daß es eine Erkenntnis gebe, wenn alle Dinge sich verwandeln und nichts bleibt."* (Sokrates, nach Platon) Der menschliche Körper ist Teil dieser Erscheinungswelt. Nichts an ihm ist dauerhaft, alles ist in ständigem Fluß, in jeder Sekunde. Wenn alles bloß wird und vergeht, dann kommt dem Körper wie allen Erscheinungen kein dauerhaftes Sein zu. *„Durch Bewegung und Veränderung und Vermischung unter einander w i r d alles nur, wovon wir sagen, daß es i s t, es nicht richtig bezeichnend; denn niemals i s t eigentlich irgend etwas, sondern immer nur w i r d e s."* (Sokrates, nach Platon) Auch in der Lehre Buddhas war diese Erkenntnis enthalten: *„Was ist die Welt? Das, worin Vergehen waltet."* (Samyutta-Nikâya) Wir erkennen bloß flüchtige Zustände, also besondere, vorübergehende Anordnungen von zusammengesetzten Teilen, und die Abfolge dieser Zustände. Selbst die vermeintliche Gewißheit, daß wir selbst sind, ja sein müssen, um erkennen zu können, ist zweifelhaft. Wir bilden uns bloß ein, daß wir auch in einem existentiellen Sinne sind, da unser Verstand die Abfolge der Zustände unseres Leibes über die Lebenszeit hinweg zu der Illusion eines identischen Körpers verbindet. Das flüchtige Beharren einer Form verwechseln wir mit ihrem Sein. Nicht nur die Dinge, die wir erkennen, wandeln sich stetig, auch wir, unsere Körper, verändern uns ohne Unterbrechung. *„Schlüßlich, weder wir, noch die Gegenstände, haben eine beständige Wirklichkeit. Wir, und unsere Urtheilskraft, und alle vergänglichen Dinge, fliessen und rollen ohne Unterlaß fort. Also kann von einem auf das andere nichts gewisses geschlossen werden, weil so wohl der Urtheilende, als das Beurtheilte, beständigen Veränderungen und Bewegungen ausgesetzt sind."* (Michel de Montaigne)

In der Konsequenz bedeutet dies alles, daß der Körper nicht erst durch den Tod vergänglich wird; er ist es ab der Geburt. Wenn wir das Vergehen des Körpers durch den Tod fürchten, dann fürchten wir etwas, das wir in jeder Sekunde unseres Lebens allezeit erfahren, ohne daß wir daran den geringsten Anstoß nehmen. Daher kann unsere Angst vor dem Tod sich gar nicht unmittelbar auf den Körper beziehen, denn er wird und vergeht ab der Geburt bis zum Tod und danach. Daß wir seinen Verlust dennoch fürchten, ist paradox. Tatsächlich bezieht sich die Angst unmittelbar nur auf unser Erkennen, unser Empfinden, unser Hoffen und Begehren, kurz: auf unser Bewußtsein, welches allerdings nur durch den Leib möglich erscheint. Der Körper selbst ist uns jedoch gleichgültig. Wie der Intellekt bloß der Umschlagplatz unserer Vorstellungen und Empfindungen ist, so ist der Körper insgesamt nur der permanente Umschlagplatz von Materie, nichts Dauerhaftes. Schon diese Tatsache allein war für Seneca ein kräftiger Einwand gegen die Angst vor dem Tod. *„Darum kann ich mich nicht genug wundern über unseren Wahnwitz, daß wir so stark verliebt sind in das Flüchtigste, was wir haben, in den Leib, und daß wir Angst haben vor dem einstigen Tod, während doch jeder Augenblick nichts anderes ist als der Tod des unmittelbar vorhergehenden Zustandes.“* (Seneca) Unser Körper ist ein vergängliches Ding, vergängliche Form von flüchtiger Dauer aus zeitlosem Stoff. So unsinnig wie die Verliebtheit in den eigenen Leib ist auch das Begehren von Dingen, die ebenso eine bloß flüchtige Existenz haben. *„Also all diese Dinge gehören nur unserer Einbildung an und tragen nur für einige Zeit ihr Antlitz zur Schau, nichts von alledem ist dauernd und fest.“* (Seneca)

*

Unser Körper ist ein Trugbild. Ausgenommen von dem Kreislauf des Werdens und Vergehens sind lediglich das ewige Wesen der Dinge, der Wille, die universale Urkraft, und die Materie als ihr unmittelbarster Ausdruck. Die Materie ist unzusammengesetzt; an ihr gehen Veränderungen vor, allerdings wird nicht die Materie selbst verändert, sondern die Zustände und Formen ihrer Zusammensetzungen. Zusammengesetzt ist das, was wir schon erkennen können, der Stoff, also etwa Fasern, Staub, Pulver, Sandkörner und viele andere Stoffe. In Körpern wiederum werden diese Stoffe angeordnet, die Stoffe selbst sind aber schon nicht mehr, sondern sie werden und vergehen wie die Körper, die aus ihnen gebildet sind. *„Nichts bleibt, und nichts ist allezeit Eines.“*

(Michel de Montaigne) Die Upanishaden hatten ein schönes Bild dafür, daß die flüchtigen Formen nicht das Wesen der Dinge sind: „*Gleichwie, o Teurer durch einen Tonklumpen alles, was aus Ton besteht, erkannt ist, an Worte sich klammernd ist die Umwandlung, ein bloßer Name, Ton nur ist es in Wahrheit*“ (Chândogya-Upanishad). Wobei der Ton hier lediglich als Allegorie dient, da er natürlich selbst bereits Stoff ist, nicht das ewig Seiende. Auch Pflanzen, Lebewesen, selbst Planeten sind nicht das eigentlich Seiende, und doch bestehen alle Tonklumpen, Pflanzen, Lebewesen und Planeten aus diesem Seienden. „*Und in derselben Weise, o Teurer, gehe von der Nahrung als Schößling zurück zu dem Wasser als Wurzel, von dem Wasser, o Teurer, als Schößling gehe zurück zu der Glut als Wurzel, von der Glut, o Teurer, als Schößling gehe zurück zu dem Seienden als Wurzel, das Seiende, o Teurer, haben alle diese Geschöpfe als Wurzel, das Seiende als Stützpunkt, das Seiende als Grundlage (...) Was jene Feinheit [Unerkennbarkeit] ist, ein Bestehen aus dem ist dieses Weltall, das ist das Reale, das ist die Seele, das bist du*“ (Chândogya-Upanishad).

Wenn wir nun noch das Vergehen unseres Körpers im Tod fürchten, dann müssen wir uns erinnern, daß da nichts vergehen wird, was nicht ohnehin beständig vergeht, seit unserer Geburt, und auch schon davor, selbst vor unserer Zeugung, denn unser Werden war ein Vergehen anderer Formen. Das ewig Beharrende wiederum, was in unserem Körper auf veränderliche Weise zusammengesetzt ist, das bleibt sowieso bestehen, wie es auch vor unserer Geburt schon war, weshalb wir gar keinen Anlaß haben, unsere Angst hierauf zu richten. Wir haben also, in anderen Worten, gar keinen Grund, uns um unseren Körper zu sorgen.

Die Weisen der Antike hingen ohnehin nicht an ihren Körpern, an ihrem leiblichen Leben, wie die meisten Menschen es heute tun (und wie es vielleicht auch die Mehrheit der Menschen zu den Zeiten von Sokrates und Platon tat, wer weiß). Die großen Philosophen haben den Leib nie vergöttert, sondern eher als Hindernis eines geistigen Lebens betrachtet. Fast könnte man sagen, sie haben ihren Körper abgelehnt und fast schon verdammt. Sie hatten keine Angst, ihren Körper durch den Tod zu verlieren, weil er ihren philosophischen Ambitionen zu Lebzeiten im Wege war. Platon und Sokrates bezweifelten nämlich, daß ihre sinnlichen Wahrnehmungen zuverlässig sind. Ungetrübte Erkenntnis hielten sie nur für möglich, wenn die Seele ohne Bedienung des Körpers ihren Gedanken nachgeht. Denn der Leib entstellt die Erkenntnisse, der Geist findet keine Ruhe. Auf diesem Weg können wir die Wahrheit nie klar erkennen, weil immer eine Regung oder Empfindung des Körpers beigemischt ist. *„Denn der Leib macht uns tausenderlei zu schaffen wegen der notwendigen Nahrung, dann auch, wenn uns Krankheiten zustoßen, verhindern uns diese, das Wahre zu erjagen, und auch mit Gelüsten und Begierden, Furcht und mancherlei Schattenbildern und vielen Kindereien erfüllt er uns"* (Sokrates, nach Platon).

Die empirische Erkenntnis hängt immer von den Eindrücken der Sinne ab, sie ist ohne die Tätigkeit der Haut, der Ohren oder der Augen unmöglich. Unsere sinnliche Wahrnehmung ist aber auch von den Begierden des Körpers geleitet und vereitelt daher eine wirklich reine, objektive Erkenntnis. *„Und nicht wahr, auch das haben wir schon lange gesagt, daß die Seele, wenn sie sich des Leibes bedient, um etwas zu betrachten, es sei durch das Gesicht oder das Gehör oder irgendeinen andern Sinn – (...) daß sie dann von dem Leibe gezogen wird zu dem, was sich niemals auf gleiche Weise verhält, und dann selbst schwankt und irrt und wie trunken taumelt"* (Sokrates, nach Platon).

Ein echter, wahrheitsliebender Philosoph, der anstrebt, das Wesen der Dinge ohne Verunreinigung zu erfassen, soll sich, wie Sokrates empfahl, soweit wie möglich von seinem Körper und dessen Begierden und Empfindungen befreien. *„Wann also trifft die Seele die Wahrheit? Denn wenn sie mit dem Leibe versucht, etwas zu betrachten, dann offenbar wird sie von diesem hintergangen. (...) Und sie denkt offenbar am besten, wenn nichts von diesem sie trübt, weder Gehör noch Gesicht noch Schmerz und Lust, sondern sie am meisten ganz für sich ist, den Leib gehen läßt und soviel irgend möglich ohne Gemeinschaft und Verkehr mit ihm dem Seienden nachgeht."* (Sokrates, nach Platon)

Auch aus diesem Grund hatte Sokrates keine Angst vor dem Tod und trank ohne Zögern den Schierlingsbecher. In gewisser Weise sehnte Sokrates den Tod herbei, um endlich seinen Körper hinter sich zu lassen und ungetrübt, rein und objektiv erkennen zu können. Nach seiner Auffassung ist vollendete Weisheit erst möglich, wenn der Körper tot und, von diesem abgeschieden, die Seele frei ist. *„Wenn sie aber durch sich selbst betrachtet, dann geht sie zu dem reinen, immer seienden Unsterblichen und sich stets Gleichen, und als diesem verwandt hält sie sich stets zu ihm, wenn sie für sich selbst ist und es ihr vergönnt wird, und* *dann hat sie Ruhe von ihrem Irren*" (Sokrates, nach Platon). Wer philosophisch denkt, der kann nicht nur, er sollte sogar sich soweit wie möglich von seinem Körper und seinem Verlangen befreien. So kann er auch leichten Herzens den Tod begrüßen.

Nun mag vielleicht immer noch jemand fürchten, durch den Tod seinen Körper zu verlieren. Der sei schließlich an unsere Erörterung im Kapitel III erinnert. Das Leben ist Leiden. Der Körper ist das Instrument des Leidens. Alle Schmerzen, Frustration, Trauer, Angst, Wut, Depression und vieles mehr haben wir nur durch unseren Leib. Er ist hungrig, er ist durstig, er wird krank, er wird alt, er macht uns Empfindungen, die uns leiden lassen. Wen die bisherigen Einwände nicht überzeugen konnten – dies ist vielleicht der wichtigste und für jeden gültige Einwand gegen die Angst, durch den Tod den Körper zu verlieren. Einige Erzählungen von Menschen mit Nahtoderfahrung zeigen uns, daß die Abneigung gegen den Körper, wie etwa bei Sokrates, durchaus einen guten Grund haben kann. Eine niederländische Studie, die wir gleich näher besprechen, berichtete, daß manche Nahtodrückkehrer darunter litten, wieder in ihrem schmerzenden Körper zu sein, und daß sie nach der Wiederbelebung frustriert waren, weil ihre friedliche, leidenslose Erfahrung vorbei war.

X. Was bleibt und stets gewesen ist

Allen bislang skizzierten Einwänden gegen die Angst vor dem Tod kann ich etwas abgewinnen. Sie sind eine gute Rüstung, um sich zu wappnen. Trotz der bisherigen Einwände kann sich die Angst weiter erhalten als Furcht davor, eines Tages kein bewußtes Einzelwesen mehr zu sein, nicht mehr erkennen, denken und empfinden zu können, kurz: das Bewußtsein zu verlieren, das wir jetzt im Leben haben. Auch dann sollte man sich die bisherigen Einwände immer wieder vergegenwärtigen.

Es bleibt angeraten, die Angst nicht zu verdrängen, sondern ihr mit Vernunft gegenüberzutreten, und sich zu erinnern, daß die Angst bloß einem ganz irrationalen Trieb entspringt. Trost finden wir ebenfalls in der Gewißheit, daß das Leben Leiden und der Tod die Erlösung davon ist. Und auch wenn wir unser individuelles Bewußtsein nicht verlieren wollen, bleibt doch die Angst vor dem Tod insofern grundlos, da sie auf etwas gerichtet ist, das wir gar nicht bewußt erleben können, weil wir nur das Leben erfahren, den Tod aber nie. Die Vorstellungen von Seelenwanderung und Wiedergeburt schließlich können unsere Angst besänftigen, gerade weil in ihnen etwas Individuelles fortdauert, wenn auch ohne Erinnerung und in immer wieder neuer Gestalt. Schließlich kann, wer sich durch die Einsicht in das ewige, einheitliche Wesen der Welt eins fühlt mit allen Dingen und Lebewesen, durch die Vorstellung nicht mehr bedrückt werden, daß seine Individualität durch den Tod aufgehoben wird; denn sein innerstes Wesen kann gar nicht zerstört werden, und seine Individualität ist auch im Leben ohnehin bloß Erscheinung, die außerhalb unseres Bewußtseins keine Realität hat.

Wer trotz dieser Erkenntnis noch an seiner Individualität hängt, hat aber vielleicht gar nicht unrecht. Er muß dann allerdings weiterhin um sein individuelles Bewußtsein fürchten, da er in der Ewigkeit eines Weltwesens und in der Unzerstörbarkeit der Materie, die in anderen Dingen weiterexistiert, alleine keinen Trost findet. Daß *etwas* fortdauert, daß nichts entsteht und also auch nichts untergeht, ist hinreichend erklärt worden. Die Frage ist also nicht mehr, ob etwas von uns nach unserem Tod weiter da ist (und vor unserer Geburt war), sondern was. Sofern wir an unserer Individualität hängen, lautet die Frage also: Ist da Individualität?

Vermutlich jeder (oder fast jeder) von uns wird die Frage bejahen. Allerdings bleibt es ein Rätsel, auf was echte Individualität beruhen kann.

Alles geht von dem Willen zum Leben aus, und wenn das so ist, dann muß auch die Individualität von ihm ausgehen, von ihm gewollt sein. Das wird plausibel, wenn wir uns verdeutlichen, daß nicht nur die fortgesetzte Bejahung des Willens in den meisten Menschen, sondern auch die Verneinung des Willens in den seltenen Ausnahmen, in den Heiligen, von dem Willen ausgehen muß, also Selbstverneinung des Willens nach Erkenntnis ist. Eine derart diametral entgegengesetzte Entscheidung eines Individuums, die allem widerspricht, was der Wille in den meisten anderen Individuen anstrebt, ist nur denkbar, wenn der Wille eines Menschen selbst tatsächlich individuell ist. Der individuelle Wille zum Leben, den wir in uns selbst als das Wesen der Welt erkennen, ist also nicht absolut, sondern nur relativ das Ding an sich, die universale Urkraft bzw. ihr individuelles Abbild im Menschen.

Schopenhauer begrenzte die Individualität zunächst nur auf die Erscheinung und erklärte Vielheit zu einem Trugbild, das durch die Erkenntnisformen Raum und Zeit in unserem Verstand entsteht. Dies nannte er das principio individuationis. Später, in seinen Zusätzen zur Ethik, gestand Schopenhauer, daß Individualität nicht nur Schein sein kann. *„Das Resultat aber ist ein moralisches, nämlich Dieses, daß wir an Dem, was wir thun, erkennen was wir sind; wie wir an Dem, was wir leiden, erkennen was wir verdienen. Hieraus folgt nun ferner, daß die Individualität nicht allein auf dem principio individuationis beruht und daher nicht durch und durch bloße Erscheinung ist; sondern daß sie im Dinge an sich, im Willen des Einzelnen, wurzelt: denn sein Charakter selbst ist individuell."* (Arthur Schopenhauer)

Im Kern ist es dieser Gedanke, der meine Ausführungen in diesem Kapitel leitet und weitere Einwände gegen die Angst vor dem Tod beschert, soweit sie sich auf den Verlust der Individualität richtet. Denn mit dem Tod des Körpers wird die Individualität nicht vernichtet, weil sie auch nicht erst durch die Geburt entstanden ist. Echte Individualität ist unabhängig von der Erscheinung und nicht mit dem flüchtigen Dasein eines Körpers verbunden. Alle Erscheinungen sind als solche zwar Objektivation des einheitlichen Willens, der universalen Urkraft in allen Dingen. Die Verneinung des Willens im Heiligen belegt jedoch, daß die Koppelung an den blinden, ewig strebenden Willen nicht immer absolut zwingend ist.

Zum Abschluß will ich meine eigene Auffassung zusammenhängend vortragen. Das eine oder andere werde ich wiederholend ansprechen; es werden jedoch einige Überlegungen gegen die Angst vor dem Tod darin vorkommen, die bislang nicht oder nicht so entschieden ausgesprochen worden sind. Das verlangt auch, obwohl ich fest auf dem Boden der Philosophie Schopenhauers stehe, ihm gleich in einigen Einzelheiten zu widersprechen.

*

Wenn wir etwas anschauen, können wir alle Gegenstände nur als Objekte erkennen und sind dabei auf die begrenzten Möglichkeiten verwiesen, die unserem Körper als Werkzeug der Erkenntnis gegeben sind. Hinter den Horizont der sinnlichen Erfahrung können wir mit unseren Sinnen eben nicht blicken. An diesem Punkt, an der Grenze unserer sinnlichen Wahrnehmung, treten wir über auf das ungewisse Gebiet der Spekulation. Das gilt nicht bloß bei allen belanglosen Beobachtungen im Alltag, sondern auch für die Spekulation als philosophische Methode. Was die philosophische Spekulation ist, hatte uns Kant erklärt, wie ich es eingangs dieser kleinen Abhandlung vorgestellt habe. Spekulation ist der Versuch, Dinge zu erkennen, die wir durch Erfahrung allein, nur durch unmittelbare Anschauung, nicht erfassen können. Wenn wir dazu keine gewisse Erkenntnis a priori in unserer reinen Vernunft finden, dann bleibt nur der Weg, durch abstraktes Denken mit Hilfe der Vernunft, basierend auf Erfahrung, widerspruchsfreie Schlüsse daraus zu ziehen. Spekulation ist daher genauso sicher und gleichzeitig ungenügend wie es jede Erkenntnis aus sinnlicher Wahrnehmung ist. Nur Erkenntnisse a priori können unstreitig gewiß sein, allerdings erfahren wir durch sie nichts über die Gegenstände der empirischen Erkenntnis, sondern lediglich etwas über die Bedingungen und Muster der Erfahrung.

Daß wir den Umweg über die Vernunft machen und begründete Spekulation auf der Basis empirischer Erkenntnis zu Rate ziehen müssen, betrifft nicht nur den Tod, aber auch bei ihm können wir gar keinen anderen Zugang finden. Seriöse Spekulation verläßt also das Gebiet der sinnlichen Wahrnehmung nicht vollständig, sondern hat ihre Grundlage immer in einer gesicherten Erfahrung. Aus dieser schließen wir auf etwas, das dahinter liegt, wobei wir zu bedenken haben, daß das Gesetz der Kausalität außerhalb der empirischen Erkenntnis keine

Gültigkeit hat. Seriöse Spekulation ist nicht mehr, aber auch nicht weniger als dieses Verfahren. *„Unser Denkvermögen durchbricht die Bollwerke des Himmels und begnügt sich nicht, das zu wissen, was sich dem Auge darbietet.“* (Seneca)

Erfahrung selbst gibt uns bereits einige Hinweise an die Hand, daß hinter der Kulisse der sinnlich wahrnehmbaren Welt etwas Verborgenes existiert. Zunächst einmal erinnere ich an Schopenhauers Entdeckung des Willens als des Wesens der Welt. Weil uns, anders als bei allen anderen Objekten, die Abläufe in unserem eigenen Körper unmittelbar vertraut sind, haben wir hier den einzigen Weg zur Erkenntnis des Dinges an sich, wie es unabhängig von unserer Vorstellung ist. In seinen Begierden und Wünschen, seinen Schmerzen und Hoffnungen, stellt sich dem Subjekt der Wille als das Ding an sich so unmittelbar wie nur irgend möglich dar. Weil das erkennende und das wollende Subjekt hier identisch sind, läßt sich der Wille noch immanent erkennen und nicht transzendent, nicht jenseits der Erfahrung. Durch Übertragung mit Hilfe der Vernunft, durch Spekulation also, können wir davon ausgehend das einheitliche Wesen aller Dinge erkennen, die ansonsten nur als Objekte für uns da sind. Dieses einheitliche Wesen ist die universale Urkraft, der ewig fordernde Drang, zu sein und zu wirken, der sich im Menschen als Wille zum Leben ausdrückt.

Wir müssen hier unterscheiden, daß die universale Urkaft nicht selbst kausal wirkt, nicht die Ursache aller Erscheinungen und Veränderungen ist, sondern die Voraussetzung jeder Kausalität in der Welt der Erscheinungen. Nicht die universale Urkraft, die sich unmittelbar in der Schwerkraft darstellt, bewirkt, daß der Stein herabfällt, wenn ich ihn über die Tischkante schiebe, sondern die Schwerkraft ist die Bedingung dafür, daß mein Schieben als Ursache jene Wirkung erzeugt. Jede Wirkung hat eine Ursache, das ist a priori gewiß. Gleichwohl treffen wir gelegentlich auf Phänomene, die sich nach den gewohnten Regeln kausal nicht oder nicht befriedigend erklären lassen. Auch hier also gibt uns Erfahrung Hinweise darauf, daß die Welt etwas ist, das nicht nur in unserer Vorstellung liegt. Diese Mysterien lassen uns, wenn auch nur kurz und verschwommen, hinter den Schleier der Erscheinungen blicken.

Wenn etwas die Grenzen des sinnlich Wahrnehmbaren übertritt, wird es leicht ignoriert oder mit einer unzureichenden kausalen Erklärung abgetan. Das ist natürlich menschlich und verständlich, wenn das Erklären von umstrittenen Phänomenen noch mehr Mühe bereitet als das Akzeptieren, daß sie tatsächlich auftreten. Schopenhauer hatte sogar den Mut, Visionen von Lebenden zu beachten, die gerade nicht anwesend sind, und selbst Geistererscheinungen von Verstorbenen nahm er ernst. „*Eben die hier zur Sprache gebrachten Doppelgänger, als bei welchen die erscheinende Person offenkundig am Leben, aber abwesend ist, auch in der Regel von ihrer Erscheinung nicht weiß, geben uns den richtigen Gesichtspunkt für die Erscheinungen Sterbender und Gestorbener, also die eigentlichen Geistererscheinungen, an die Hand, indem sie uns lehren, daß eine unmittelbare reale Gegenwart, wie die eines auf die Sinnen wirkenden Körpers, keineswegs eine nothwendige Voraussetzung derselben sei.*" (Arthur Schopenhauer)

Es gibt jedoch auch weit weniger umstrittene Phänomene, die wir zum Teil selbst schon erfahren haben und die uns den Teil der Welt erahnen lassen, der sich mit den vertrauten Naturgesetzen nicht erklären läßt. Wir blicken dabei nicht bloß kurz hinter den Horizont unserer begrenzten Erkenntnismöglichkeiten, sondern erfahren, daß die Teilung der Welt in zwei Sphären, den realen Willen und die idealen Erscheinungen, nicht ganz durchgehend und rigide ist. Zu diesen Phänomenen gehören Eingebungen, eine innere Stimme ohne ersichtlichen Auslöser, die uns alarmiert oder anspornt, ängstigt oder mutmaßen läßt, und deren Prognose sich bestätigt. Die entsprechende Erkenntnis haben wir weder durch sinnliche Wahrnehmung noch durch bewußte Aktivität unseres Intellekts bekommen, und wir können bloß vermuten, woher eine solche Ahnung stammt. Ein anderes Phänomen sind die Phantomschmerzen einiger Patienten, nachdem ihnen Gliedmaßen oder Organe operativ entfernt worden sind. Sie empfinden Berührungen, Bewegungen und Schmerzen so, als ob die entfernten Körperteile noch da wären. Tatsächlich bilden sich die Empfindungen in den Vorgängen zwischen den Nervenzellen ab, allerdings sind diese Prozesse nicht die Ursache der Empfindung, sondern selbst nur eine Wirkung einer unbekannten Ursache, die nicht erforscht werden kann und die es, kausal betrachtet, eigentlich nicht geben kann.

Rätselhaft sind auch die bekannten Placebo-Effekte von Medikamenten. Wenn ein Stoff keine Wirkung haben kann, jedoch genau die erwartete Wirkung sich ohne erklärbare Ursache einstellt, so haben wir es hierbei notwendig mit einer anderen Art von Ursachen zu tun, bei denen die kausale Erklärung versagt. Außerdem zeigt dieser Vorgang, daß der Geist kraft der Vorstellung sogar unwillkürliche Körperfunktionen beherrschen kann. Wenig bekannt ist dagegen wohl die sogenannte musikogene Epilepsie. Der Neurologe Oliver Sacks beschrieb Fälle, bei denen bestimmte Musikrichtungen und auch einzelne Lieder bei einigen Menschen Krampfanfälle bis zur Bewußtlosigkeit auslösten. Einzelne Töne können diesen Effekt nicht haben, da sie ja alle auch in anderen Liedern auftauchen, die bei den Betroffenen nichts auslösen. Daher muß die Ursache in der jeweiligen Abfolge der Töne liegen, in einer unbekannten Kraft der Melodie oder des Rhythmus, was jedoch keine, in einem engeren Sinne kausale Erklärung sein kann und auf eine Ursache höherer Ordnung verweist. Mysteriös ist auch der gestaltbildende Effekt von einzelnen Tönen, denen selbst eine unbekannte Kraft innewohnen muß. Das läßt sich erkennen, wenn man auf einer Metallplatte Sand verstreut und die Platte mit einem Geigenstock zum Schwingen bringt. Jeder Ton erzeugt dabei ein anderes, deutlich unterschiedenes Muster im Sand, wie Petra Neumayer und Roswitha Stark berichtet haben. Auf diese faszinierende Beobachtung wies sogar Thomas Mann in seinem Roman „*Doktor Faustus*" kurz hin, wo es ein Cellobogen war, der eine mit Sand bestreute Platte in Schwingungen versetzte; die erste Entdeckung dieses Effekts schrieb Mann dem Reformator Martin Luther zu.

Bekannter wiederum ist das Phänomen der Déja-vus. Dabei empfinden Menschen an Orten, an denen sie noch nie gewesen sind und die sie auch von Bildern nicht kennen, eine überraschende Vertrautheit mit dem Ort. Empirische Erkenntnis ist jedoch beschränkt auf die Verarbeitung von Daten, die unsere körpergebundenen Sinne nach dem Gesetz der Kausalität unserem Verstand liefern; demgemäß können wir nichts wiedererkennen, das wir bislang nicht gesehen haben. Wenn Déja-vus echt sind, muß es andere Wege der Erfahrung als nur die sinnliche Wahrnehmung geben, auch sind solche Erlebnisse ein Indiz für die Möglichkeit eines individuellen Bewußtseins vor der Geburt. Als letztes Beispiel schließlich will ich das Phänomen außerkörperlicher Erfahrungen nennen. Es ist zwar selten, aber mit Blick auf unsere Fragen von besonderer Bedeutung. Einige Menschen haben sogenannte Nahtoderfahrungen, während sie sich bei einem Herzstillstand für eine kurze Zeit, wenige Minuten, an dem Übergang vom Leben zum Tode befinden. Die Betroffenen berichten unabhängig voneinander ähnliche Erlebnisse, etwa die Begegnung mit einem gleißend hellen Licht oder eine angenehme Schwerelosigkeit, während derer sie von oben auf ihren toten Körper und die Umstehenden hinabgeschaut haben. Dazu gibt es eine materialreiche Studie mit überzeugenden Fällen; mir wurden solche Erfahrungen zweimal eindrücklich von den Betroffenen geschildert. Solche Fälle und vor allem die Konsequenzen daraus werde ich gleich noch ausführlicher besprechen. Nahtoderfahrungen sind ein gewichtiges und vor allem empirisches Indiz dafür, daß Bewußtsein unabhängig vom Körper möglich ist.

*

Wenn wir im Hinblick auf unsere Angst vor dem Tod nach etwas individuellem Konstanten fragen, dann finden wir an unserem Körper keine befriedigende Antwort, von dem nur die Materie ewig ist. Die Materie ist austauschbar und wird laufend ausgetauscht, hat also nichts Individuelles. Der Körper wiederum ist zwar individuell, jedoch zusammengesetzt, und daher nicht dauerhaft. Von Dauer kann nur etwas sein, das nicht zusammengesetzt ist, und das wir folglich, wenn es überhaupt etwas dauerhaftes Individuelles gibt, in dem Bereich suchen müssen, den wir Geist nennen.

Was den Geist ausmacht, ist in vielerlei Hinsicht immer noch ein Rätsel, dem wir uns auch von der philosophischen Seite erst einmal nur annähern können. Schopenhauer hat diese Frage schnell und leicht, etwas zu leicht, abgehakt, indem er Geist auf eine Funktion des Gehirns reduzierte. „*Das Wort ‚Geist' (...) bezeichnet überall die intellektuellen Fähigkeiten, im Gegensatz des Willens*" (Arthur Schopenhauer). Der Geist sei das, was erkenne, dies wiederum jedoch nur eine Gehirnfunktion, weshalb der Geist mit dem Gehirn, das nur ein Teil des Körpers sei, durch den Tod ende. „*Jeder Geist, d.h. jedes Erkennende, ist nothwendig endlich, d.h. ist in der Zeit, hat Anfang und Ende: denn er ist nur als Eigenschaft eines thierischen, folglich vergänglichen Wesens denkbar.*" (Arthur Schopenhauer). Unvergänglich ist nur der Wille; das Gehirn ist, wie der gesamte Körper, lediglich die vergängliche Objektivation des Willens. „*Also der Wille zu erkennen, objektiv angeschaut, ist das Gehirn; wie der Wille zu gehen, objektiv angeschaut, der Fuß ist*" (Arthur Schopenhauer). Wer, wie Schopenhauer, Geist und Intellekt als bloße Gehirnfunktion gleichsetzte, hätte alle Fragen rund um den Geist rasch abgetan. Mit seiner Beschränkung des Geistes auf die Tätigkeit des Denkens folgte Schopenhauer Kant. Für diesen war das

Verhältnis von Körper und Geist ebenfalls bloß dies: *„die Verbindung der denkenden Natur mit der Materie“* (Immanuel Kant). Hier sehen wir eine erstaunliche Schnittmenge der beiden Idealisten Kant und Schopenhauer mit den Materialisten Marx und Engels: *„Man kann den Gedanken nicht von einer Materie trennen, die denkt.“* (Friedrich Engels/Karl Marx)

Ganz sicher zeigt sich der Geist darin, daß das Gehirn arbeitet, was durch Aktivitäten in gewissen Gehirnregionen repräsentiert wird. In der Medizindiagnostik machen die Elektroenzephalographie und die funktionelle Magnetresonanztomographie genau dies sogar sichtbar. Der Geist ist damit auf eine empirische Weise erkennbar, wie es zu Zeiten von Kant und Schopenhauer undenkbar war. Damals waren nur die Erzeugnisse des Geistes sinnlich wahrnehmbar: Gespräch, Musik, ein Brief, ein Gemälde oder ein Buch. Soweit hatte Kant daher zu seiner Zeit recht, wenn er die Erkenntnis der Tätigkeit des Geistes auf seine Resultate beschränkte: *„Auf solche Weise würde eben dasselbe, was in einer Beziehung körperlich heißt, in einer andern zugleich ein denkend Wesen sein, dessen Gedanken wir zwar nicht, aber doch die Zeichen derselben in der Erscheinung, anschauen können.“* (Immanuel Kant) Daß man bei einem Menschen sogar das Denken selbst beobachten könnte, überstieg damals jede Einbildungskraft: *„Dieses will nun so viel sagen: es können uns niemals unter äußeren Erscheinungen denkende Wesen, als solche, vorkommen, oder, wir können ihre Gedanken, ihr Bewußtsein, ihre Begierden etc. nicht äußerlich anschauen; denn dieses gehört alles vor den innern Sinn.“* (Immanuel Kant)

Die letzte Aussage gilt noch heute und wird wohl allezeit gültig bleiben, sofern man nicht nur über das Denken, den Vorgang, sondern über das Gedachte, den Inhalt des Denkens eines Fremden, sich Aufschluß verschaffen will, der einem Außenstehenden unzugänglich bleibt (und bleiben möge). Allerdings machen die genannten Diagnostikverfahren der Medizin tatsächlich seit einiger Zeit optisch nachvollziehbar, daß da ein tätiger Geist ist, also das Denken als Phänomen. Was der Geist seinem Wesen nach ist, womit er sich beschäftigt, mit welcher Qualität oder Absicht, und in welchem Zusammenhang er denkt, dies alles ist und bleibt unzugänglich. Niemand kann von außen abbilden, *was* ein Anderer denkt oder empfindet, sondern nur, daß er denkt oder empfindet. Denn die medizinische Diagnostik kann nur die Abläufe im Gehirn darstellen, das Bild im Kopf des Probanden ist immer ein anderes als das Bild auf dem Monitor des Arztes. Und ganz sicher bleiben die Absichten des Denkenden, seine inneren Antriebe, die die Richtung seiner Gedanken bestimmen, dem Untersucher verborgen, auch wenn niemand abstreiten wird, daß es sie gibt. Die bildgebende Diagnostik kann das Spektakel der Synapsen abbilden, ähnlich wie Elektroden an den Armen das Zusammenziehen und Erschlaffen der Muskeln messen; aber keine Elektrode kann erkennen, ob eine Kiste Bücher oder ein Sack Kartoffeln angehoben wird.

Daß ein Mensch denkt, ist keine neue Weisheit der modernen Gerätemedizin. Ohne Zweifel ist das Denken ein geistiger Vorgang, aber ebenso entschieden füllen der Intellekt und seine Tätigkeiten den Geist nicht alleine aus. Die Empfindungen habe ich bereits erwähnt. Außerdem prägen der Charakter und die Neigungen eines Menschen seinen Geist. Diese gibt es unleugbar, und sie sind keine Wesenszüge des Körpers, keine Funktion eines seiner Organe. Seinen Charakter und seine Neigungen kennt unmittelbar nur der Mensch selbst, dem sie angehören. Ein Außenstehender kann nur indirekt und nie gewiß darauf schließen, indem er Mimik, Gestik, Handlungen oder Reden eines Menschen beobachtet. Der Form nach lassen sich auch Neigungen und Empfindungen mit medizinischen Diagnoseverfahren abbilden, nämlich wieder als Aktivität des Gehirns oder eines anderen Organs. Auf dem Bildschirm erkennt der Arzt in den Aktivitäten des Gehirns oder der Nerven, daß der Proband etwas empfindet, begehrt oder angespannt ist, aber nicht, warum er empfindet, was er begehrt oder wodurch er angespannt ist.

Von Geist ist oft die Rede, besonders im Zusammenhang von Körper und Geist, um einerseits ihre Gegensätzlichkeit, andererseits ihre Zusammengehörigkeit zu betonen. Dieser Zusammenhang der Gegensätze liefert einen ersten Hinweis, um den Geist, im Unterschied zum Körper, negativ zu bestimmen: Der Geist ist nicht materiell. Ähnlich hatte schon Kant dies bemerkt, wenn auch mit der Einschränkung des Geistes auf das Denken: *„Wir haben in der transzendentalen Ästhetik unleugbar bewiesen: daß Körper bloße Erscheinungen unseres äußeren Sinnes, und nicht Dinge an sich selbst sind. Diesem gemäß können wir mit Recht sagen: daß unser denkendes Subjekt nicht körperlich sei, das heißt: daß, da es als Gegenstand des inneren Sinnes von uns vorgestellet wird, es, in so fern als es denkt, kein Gegenstand äußerer Sinne, d. i. keine Erscheinung im Raum sein könne.“* (Immanuel Kant) Körper und

Geist, als Gegensätzliches und gleichzeitig Zusammengehöriges, treten, sich ergänzend, gemeinsam in Menschen auf und unterscheiden sie, wie alle Lebewesen, wesentlich von unorganischen Dingen. Geist und Körper stellen sich in der Erscheinung eines Menschen individuell dar, wobei der Geist sich nur mittelbar, durch den Leib, ausdrückt: in Empfindungen und Reden, in Erzeugnissen wie Büchern, Musik oder Bildern.

Geist ist dabei immer mehr als nur eine Gehirnfunktion. Im Grunde ist nicht der Geist das Produkt der Tätigkeit des Gehirns, sondern das Gehirn das Instrument des Geistes bzw. seines wesentlichen Kerns. Ich will dies an einer Frage zur künstlichen Intelligenz verdeutlichen. Bei der Diskussion, ob eine Rechenmaschine fühlen kann, lautet ein Argument: Wenn es gelänge, eine Rechenmaschine demgemäß zu erbauen, dann könnte sie auch empfinden. Vordergründig entspricht diese Ansicht über Maschinen der Vermutung über Menschen, daß Empfindungen, gleich dem Denken, eine Gehirnfunktion seien, die mit dem Betrieb einer Rechenmaschine vergleichbar wäre. Allerdings, und das ist das Entscheidende, die Maschine weiß nicht von selbst, wie sie einen Reiz zu deuten hat; das muß ihr von ihrem Konstrukteur vorgegeben werden. Zu einem ähnlichen Schluß kam der Physiker Roger Penrose in seiner Phantasie, eine Maschine zu entwickeln, die Lust und Schmerz fühlen solle, wobei sie Lust anstrebe und Schmerz vermeide. Penrose hielt es für gut möglich, eine Maschine entsprechend zu programmieren. Allerdings weiß die Maschine natürlich nicht durch sich selbst, was ihr Lust bereitet und was nicht, oder was Schmerzen sind. Das Interpretieren eines Reizes geschieht nicht zwangsläufig nur auf eine Art, sondern kann verschieden ausfallen. Die Maßstäbe und Reaktionsmuster einer Maschine müssen also durch den Konstrukteur entsprechend programmiert werden. Lust und Leiden, Freude oder Trauer sind, wenn man so will, bestimmte, nicht beliebige Rechenoperationen, die entsprechende Qualitäten ausdrücken, deren Maßstäbe zu definieren sind.

Auf den Menschen übertragen, ist auch die Aktivität des Gehirns nicht bloß die maschinengleiche Ausführung von Funktionen, etwa Rechnen, Umsetzung von Sinnesreizen in Bilder, vernünftiges Denken in abstrakten Begriffen oder Formulierung von Wörtern und Sätzen. Das gehört dazu und ist eben die Tätigkeit des Gehirns (oder einer Maschine). Aber das Warum, das Wie und das Wozu ist ja nie in der „Verdrahtung" der Nervenbahnen eines Menschen oder der Kabel einer Maschine angelegt. Was der Programmierer (und dessen Absichten) für die Ausrichtung der Arbeit einer Rechenmaschine ist, das ist der moralische Kern, das innerste Wesen des Geistes eines Menschen für die Tätigkeit seines Gehirns.

Wir reden hier also über den Charakter eines Menschen, sein moralisches Wesen, sein Streben. Kein operativer Vorgang im Intellekt, weder das schärfste Sehen oder aufmerksamste Hören noch das brillanteste Rechnen oder abstrakteste Denken, prägt das Wesen eines Geistes auch nur annähernd so ausdrucksstark wie die moralische Steuerung all dieser Operationen, die dem Geist, auch der Tätigkeit des Gehirns, erst die Richtung geben. Der Charakter ist der Wesenskern des Geistes und verleiht einem Menschen das maßgebliche Profil, das ihn von anderen Menschen unterscheidbar macht. Der Charakter macht den Geist einzigartig. Etwas, das den einen Menschen zustimmen, unterstützen oder jubeln läßt, schreckt einen anderen Menschen ab, erschüttert ihn und treibt ihn zur Rebellion. Diese moralische Richtung eines Geistes, der Charakter, ist nicht, wie bei der Maschine, von einem Konstrukteur programmiert worden, sondern wird von jedem Menschen mit der Geburt auf die Welt gebracht. Der Charakter ist der unmittelbare Ausdruck der universalen Urkraft, des Willens zum Leben, in einem individuellen Menschen.

Dabei ist der Charakter der unveränderliche Anteil an dem Geist eines Menschen. Der veränderliche Anteil des Geistes entsteht durch die Aktivität des Intellekts, entwickelt und verändert sich, und ist ganz an die Existenz des Leibes gebunden; das ist das Erkennen, das Denken und das Fühlen. Der unveränderliche Anteil des Geistes, der Charakter, prägt und lenkt diese Tätigkeiten des Intellekts auf eine individuelle Weise. Erkennen, Denken und Fühlen, Gesang, Rede oder Gemälde, Entzücken, Unmut oder Trauer, kurz: das sinnlich Wahrnehmbare der Äußerungen eines Geistes, alles das ist veränderlich und also auch vergänglich. Was bleibt, ist der unveränderliche und unvergängliche Anteil des Geistes, sein Wesenskern, das, was sich von außen nicht unmittelbar wahrnehmen läßt, aber doch alle Aktivitäten des Geistes treibt und steuert.

In der Zusammensetzung des Geistes sehen wir eine Entsprechung beim Körper, der auch aus einem veränderlichen und einem unveränderlichen Anteil besteht. Die Stoffe, aus denen der Leib zusammengesetzt ist, und seine Form sind veränderlich und deshalb vergänglich. Das Zusammengesetzte löst sich wieder auf; beharrend, unveränderlich und unvergänglich ist allein das, was nicht zusammengesetzt ist. *„Und nicht wahr, was sich immer gleich verhält und auf einerlei Weise, davon ist wohl am wahrscheinlichsten, daß es das Unzusammengesetzte sei“* (Sokrates, nach Platon). Dies ist im Körper die Materie, aus der die Stoffe gebildet sind, und der Lebenstrieb, der nach dem Tod zwar aus dem Leib geht, aber nie vernichtet wird. Das entsprechende Gegenstück im Geist ist der unveränderliche Anteil, das, was ebenso nicht zusammengesetzt ist, sich immer gleich gebärdet und daher nie aufgelöst wird, weil es auch nie entstanden, sondern zeitlos ist. *„Sollen wir also (...) zwei Arten des Seienden setzen, sichtbar die eine und die andere unsichtbar? (...) Und die unsichtbare als immer auf gleiche Weise sich verhaltend, die sichtbare aber niemals gleich? (...) Wohlan denn, sprach er, ist nicht von uns selbst das eine Leib und das andere Seele?“* (Sokrates, nach Platon)

Die Auffassung, daß der Geist bloß Intellekt und Gehirntätigkeit sei, erklärt den Geist aus der Beschaffenheit und Funktionsfähigkeit des Körpers. Dagegen erklärt die Physiognomik, daß die äußerliche Beschaffenheit des Leibes geprägt sei von dem Wesen des Charakters und des Temperaments. So unterschiedlich diese Auffassungen sich gegenübertreten, viel mehr haben sie miteinander gemein, daß sie jeweils das eine Phänomen aus dem anderen ableiten. Tatsache ist, daß Körper und Geist zwar in der Erscheinung zusammengehören, jedoch gegensätzlich sind. Wir können nicht den Geist auf den Körper oder den Körper auf den Geist zurückführen; wohl aber haben beide ihre Wurzeln in dem individuellen Willen eines Menschen. Geist und Körper treten zwar miteinander, allerdings unabhängig voneinander auf. Beide sind Ausdruck des Willens zum Leben in einem Menschen, vereint in einer Erscheinung, deren Charakter und Physiognomie individuell sind.

Geist ist nicht materiell, individuell und im Bewußtsein unleugbar vorhanden. Die Anteile des Geistes lassen sich unterscheiden in die moralische Ausrichtung, Bewegungen des Gemüts und Aktivitäten des Intellekts. Der moralische Anteil des Geistes ist der Charakter, der sich in den Absichten und Neigungen ausdrückt. Der Charakter ist das innerste Wesen jedes Geistes, die Identität, das eigentlich Individuelle, das konstant und dem Gesetz von Ursache und Wirkung entzogen ist. Die Bewegungen des Gemüts sind dagegen alle Gefühle und Reaktionen wie Traurigkeit, Freude, Leiden, Zorn oder Furcht; diese Empfindungen werden durch Reize von außen ausgelöst, sind durch Situationen und Ereignisse kausal bedingt und daher veränderlich. Das gilt auch für die Aktivitäten des Intellekts, für das Erkennen, Denken, Rechnen oder Erinnern, also für alle Tätigkeiten des Gehirns, die Vorstellungen in uns erzeugen. Das Merkmal dieser Gehirntätigkeiten ist, daß sie den Geist, soweit er veränderlich ist, laufend erweitern.

Weil der Geist in der individuellen Erscheinung eines Menschen mit dem Körper zusammengehörig auftritt, wird leicht daraus geschlossen, daß beide durch den Tod gemeinsam vergehen. Allerdings vermengt diese Auffassung das innerste Wesen jedes Geistes, den Charakter, mit den veränderlichen Anteilen, dem Intellekt und den Empfindungen, die sich in der Tätigkeit des Gehirns und der Nervenbahnen zeigen. Lediglich die Resultate des Intellekts und der Empfindungen können wir mit den begrenzten Möglichkeiten unseres Erkenntnisvermögens wahrnehmen. Insofern ist die Tätigkeit des Geistes mit den Sinnen erfahrbar, eben nur, solange der Mensch lebt. Der innerste Wesenskern des Geistes ist jedoch keiner unmittelbaren Anschauung zugänglich; er ist ohne Zweifel da und bleibt doch immer nur intelligibel. Auf die moralische Ausrichtung des Geistes, auf den Charakter, können wir bloß schließen, wir können ihn jedoch nicht sinnlich wahrnehmen. Der intelligible Anteil des Geistes ist seine ausschlaggebende Komponente, die den Willen zum Leben unmittelbar ausdrückt und den Geist individuell macht. Der Charakter gibt dem Geist sein Gepräge und läßt ihn auf seine besondere, individuelle Weise durch das Instrument des Gehirns erkennen, bewerten und Entschlüsse fassen; dies geschieht also zu Lebzeiten mit dem Intellekt, geht jedoch nicht von dem Intellekt aus, der nur der Diener ist.

Wir wissen, daß etwas, das existiert, nicht aus Nichts entstanden sein kann. Ist es zusammengesetzt, müssen seine Elemente bereits vorhanden gewesen sein, und ist es nicht zusammengesetzt, dann ist es selbst bereits ewig gewesen und wird allezeit fortbestehen. Für den Körper, seine Stoffe und die Materie ist dieser Grundsatz unmittelbar nachvollziehbar. Nicht anders ist es mit dem Geist, weshalb es gar nicht vorstellbar ist, daß der innerste Wesenskern des Geistes eines Menschen aus dem Nichts erschaffen wird und durch den Tod vernichtet wird.

Der intelligible, moralische Anteil des Geistes muß außerhalb der Zeit sein. Zwar tritt der Geist mit seinen veränderlichen Anteilen, dem Intellekt und den Empfindungen, erst durch die Aktivität des Gehirns, also verbunden mit einem Leib, und gesteuert durch die unveränderlichen Anteile, in Raum und Zeit in Erscheinung. Und die sinnliche Wahrnehmung kann nicht erfassen, wie der Geist vor und nach dem Leben des Körpers, eigentlich unabhängig davon und außerhalb der Zeit, tätig ist. Aus dieser Unmöglichkeit der anschaulichen Erkenntnis zu folgern, daß es ohne Körper keinen Geist geben könne, ist allerdings so anmaßend wie die Ansicht, daß die Welt nicht mehr da sei, wenn man die Augen schließt.

Die Materie wird nie vernichtet, sondern nur verwandelt, zu Materie in anderer Form oder zu Energie, wie bei einer Sandburg am Strand nur die Form durch das Wasser zerstört wird, aber nicht der Sand. Die Ewigkeit der Substanz ist kein unendlicher Zeitpfeil in die Zukunft, sondern ebenso in die Vergangenheit. *„Indessen ist die innre Notwendigkeit, zu beharren, doch unzertrennlich mit der Notwendigkeit, immer gewesen zu sein, verbunden"* (Immanuel Kant). Was Kant für die Materie als Substanz aller Erscheinungen gelten ließ, bestritt er allerdings zunächst für die Seele: *„Nun ist die subjektive Bedingung aller unserer möglichen Erfahrung das Leben: folglich kann nur auf die Beharrlichkeit der Seele im Leben geschlossen werden, denn der Tod des Menschen ist das Ende aller Erfahrung"* (Immanuel Kant). Wir wissen bereits, daß Nahtoderfahrungen diese Ansicht Kants schon allein empirisch widerlegt haben. Später revidierte Kant seine Auffassung selbst, allerdings mit einem abenteuerlichen Argument: Was ein Mensch wolle, könne nicht immer mit den Anforderungen des a priori gültigen moralischen Gesetzes übereinstimmen. *„Die völlige Angemessenheit des Willens aber zum moralischen Gesetze ist Heiligkeit, eine Vollkommenheit, deren kein vernünftiges Wesen der Sinnenwelt, in keinem Zeitpunkte seines Daseins, fähig ist."* (Immanuel Kant) Die Vernunft verlange diese Übereinstimmung jedoch als praktisch notwendig, was sich allerdings in der begrenzten Lebenszeit nicht erreichen lasse, sondern erst in einem späteren, unendlichen Prozeß des Fortschreitens. *„Also ist das höchste Gut, praktisch, nur unter der Voraussetzung der Untersterblichkeit der Seele möglich; mithin diese, als unzertrennlich mit dem moralischen Gesetz verbunden, ein Postulat der reinen praktischen Vernunft"* (Immanuel Kant). Das Leben ist also zu kurz, um rundum anständig zu werden – ein abenteuerliches Argument, das wir lieber ignorieren wollen, wenn wir nach Hinweisen auf die Unvergänglichkeit eines individuellen Geistes suchen.

*

Die Vorgänge in der Natur sind ein fortwährendes Pendeln zwischen Gegensätzen, was die Materie unberührt läßt. Wie das Kalte warm und das Warme wieder kalt wird, wird aus dem Leben Tod und aus Totem wird Leben. *„Dies also, sprach er, haben wir sicher genug, daß alle Dinge so entstehen, das Entgegengesetzte aus dem Entgegengesetzten. (...) es gibt zwischen ihnen ein zwiefaches Werden."* (Sokrates, nach Platon) Leben und Tod des Leibes sind nicht zwei Zustände, die beharren. Es ist gerade das Merkmal des Lebens, daß fortwährend tote Stoffe aufgenommen und wieder ausgeschieden werden, wie auch die Stoffe des toten Körpers zersetzt und wieder in den Kreislauf des Lebendigen gebracht werden. Während des Lebens werden die Teile des Körpers ohne Unterbrechung ausgetauscht. Sterblich ist der Körper bloß als vorübergehende Summe seiner Teile, die kleinsten unteilbaren Teile sind dagegen unsterblich. Auch der innerste Wesenskern des Geistes ist, anders als seine veränderlichen Anteile, ähnlich der Materie von einer solchen Zersetzung ausgenommen.

Während des Lebens bis zum Tod sind der Geist, einschließlich seiner unveränderlichen Anteile, und der Körper unbestreitbar verbunden. Für die Bewegung durch Zeit und Raum ist der Geist auf den Körper angewiesen. Mit dem Körper, seinen Sinnen und seinem Gehirn, sieht, hört, riecht, schmeckt, tastet und denkt der Geist, solange er wach und bei Bewußtsein ist; ebenso nutzt der Geist den Körper als Instrument, um zu reden, zu schreiben, zu bauen oder sich auf andere Weise auszudrücken. Die Behauptung, dies sei die allein denkbare Existenzweise des Geistes, ist der ganze Grund für die Auffassung, daß der Geist nur da sein könne, solange er mit dem Leib verbunden sei, und deshalb durch den Tod mit dem Körper zerstört werden müsse. Diese Auffassung vertrat auch Schopenhauer, der den Geist als Funktion des Gehirns abtat. Daher werde der Geist, mit dem Körper, als individuelle Erscheinung verschwinden, aber nicht der Wille zum Leben, der beide hervorgebracht hat. *„Denn im Tode geht allerdings das Bewußtseyn unter; hingegen keineswegs Das, was bis dahin dasselbe hervorgebracht hatte. (...) Ein individuelles Bewußtseyn, also überhaupt ein Be-*

wußtseyn, läßt sich an einem u n k ö r p e r l i c h e n   W e s e n *nicht denken (...) Da also das Bewußtseyn nicht unmittelbar dem Willen anhängt, sondern durch den Intellekt und dieser durch den Organismus bedingt ist; so bleibt kein Zweifel, daß durch den Tod das Bewußtseyn erlischt, – wie ja schon durch den Schlaf und jede Ohnmacht.*" (Arthur Schopenhauer)

Unbestreitbar muß der Geist beim Tod den Körper als das Instrument aufgeben, mit dem er Reize aufnimmt und ausschickt, mit dem er die Welt als Erscheinung anschaut und sich mit anderen Wesen verständigt. Dieses Faktum hat Bedeutung für das Verhältnis eines Menschen als Erscheinung zu anderen Erscheinungen. Allerdings ist dadurch nichts entschieden, ob und wie der Geist vor der Geburt und nach dem Tod des Körpers existiert. Der Geist kann sich als Erscheinung nur durch den Körper vernehmbar machen, was aber bloß besagt, daß er das nach dem Tod nicht mehr kann und vor der Geburt nicht konnte. Keineswegs bedeutet dies zwingend, daß der individuelle Wesenskern des Geistes mit der Geburt des Körpers entsteht und im Tod vernichtet wird, ebensowenig wie die Materie mit dem Körper erzeugt und zerstört wird.

Wenn der Geist voll und ganz tatsächlich nur Gehirnfunktion wäre, dann wären Zeugung und Tod bloß Synonyme für das Auftauchen und Untergehen des Geistes. Allerdings enthält der Geist deutlich mehr als nur den Intellekt oder die Empfindungen, nämlich den weitaus bedeutenderen Charakter. Ein sterblicher Geist müßte gezeugt und geboren werden, er wäre nur zwischen seinem Anfang und seinem Ende. Ein absoluter Zusammenhang mit dem Körper würde verlangen, daß der Geist vor der Geburt und nach dem Tod tatsächlich nicht wäre, wie dann auch jede Regung des Geistes ausgeschlossen wäre. Dies wäre unwidersprechlich gewiß, wenn der Geist in jeder Weise lediglich eine Funktion des Gehirns und vielleicht noch der Nervenbahnen wäre. Allerdings bemerken wir, daß die Tätigkeit des Geistes, auch schon jenseits von außerkörperlichen Nahtoderfahrungen, durchaus relativ unabhängig vom Leib ist, zumindest unabhängig von den Teilen des Leibes. Wir müssen daher annehmen, daß der Geist nicht bloß eine zeitliche Erscheinung ist, sondern, wie die Materie, ewig fortdauert, jedoch auf seine eigene Art.

Dieses Ergebnis erhalten wir zunächst mit einer Analogie, wenn wir die Eigenschaften eines Tons betrachten. Er ist eine Vibration der Luft, die durch Bewegung geschaffen, durch das Gehör wahrgenommen und kraft des Verstandes zu einer Vorstellung umgewandelt wird. Als solche ist der Ton Erscheinung. Der Ton selbst läßt sich jedoch nicht fassen, wohl aber ist er unleugbar vorübergehend da mit einer ihm eigenen Qualität, obwohl er keine Materie ist, sondern nur Resultat der Bewegung von Materie. Als Objekt kann ein Ton durch Aufzeichnung bewahrt oder unter sonst gleichen Bedingungen erneut erzeugt werden. Auch der Geist ist unbestreitbar da, seine Erzeugnisse sind Objekte und an Materie gebunden, obwohl der Geist, gleich dem Ton, selbst nicht Materie ist. Die Produkte der Tätigkeit des Geistes können gehört, gesehen oder ertastet werden, sie sind materialisiert in Schriften, Gemälden, Skulpturen, Notenheften oder in anderen Gegenständen und lassen sich aufbewahren. Soviel zur Ähnlichkeit, doch natürlich sind Geist und Töne auch verschieden. Der Ton ist nur als Objekt vorstellbar. Er ist kein Subjekt, erkennt nichts, sondern wird erkannt. Dagegen ist der Geist auch Subjekt; seine Erzeugnisse werden nicht bloß erkannt, er selbst erkennt, denkt, konstruiert und produziert. Ein Ton erzeugt keinen Geist, der Geist jedoch, durch den Leib, Töne.

Um sich darzustellen, benötigt der Geist als Subjekt einen Leib und auch andere Körper aus Materie. Aus dieser Tatsache läßt sich jedoch nicht schließen, daß sich auch der Geist als Subjekt mit dem Tod des Leibes wie dieser auflöst. Lediglich die Erscheinung des Geistes als Objekt für Andere geht gewiß unter, gleich wie beim Tod des Leibes die vorübergehende Verbindung seiner Elemente zerstört wird, jedoch nicht die Elemente selbst. Bemerkenswert ist auch, daß der gesamte Geist, mit seinen unvergänglichen und seinen veränderlichen Anteilen, zu Lebzeiten des Körpers etwas erstaunlich Beharrendes und sich sogar Ausweitendes bleibt, trotz des ununterbrochenen Austauschs der Teile in einem menschlichen Leib. Es ist mysteriös, wie sich ein Mensch im höheren Alter an Ereignisse z. B. aus der Jugend erinnern kann, obwohl in diesem Moment kein einziges Atom oder Molekül mehr in seinem Körper ist, das bereits in seiner Jugendzeit dort war.

Schopenhauer war sich darüber im Klaren, daß die Körper schon zu Lebzeiten nichts dauerhaft Bestehendes sind: „*Unser und aller Thiere Daseyn ist nicht ein fest dastehendes und, wenigstens zeitlich, beharrendes; sondern es ist eine bloße existentia fluxa, die nur durch den steten Wechsel besteht, einem Wasserstrudel vergleichbar. Denn zwar hat die Form des Leibes eine Zeitlang ungefähren Bestand, aber nur unter der Bedingung, daß die Materie unaufhörlich wechsele, alte abgeführt und neue zugeführt werde.*" (Arthur Schopenhauer) Der Körper, bloße Form, verändert sich ab der Zeugung, von der Geburt über das Wachsen in der Kindheit und Jugend bis zum Verwelken im hohen Alter und letztlich bis zu dem Untergang des Lebens im Tod. Der Geist bleibt davon unberührt und ist sich seiner Identität bewußt, während er sich durch die Jahrzehnte hindurch sogar unaufhörlich erweitert. Die Selbstdarstellung des Geistes, die Äußerung in Wort, Schrift oder einer wahrnehmbaren Tätigkeit des Leibes, an einem Ort zu einer bestimmten Zeit, ist ohne Zweifel an einen bestimmten Körper gebunden; aber ebenso unleugbar ist diese Erscheinung nicht an bestimmte Stoffe gebunden, aus denen der Körper – vorübergehend – existiert. Sofern der Körper eben nichts anderes ist als bloß stetig ausgetauschte Materie, ist der Geist relativ unabhängig von dem Körper. Dies ist die einzig denkbare Konsequenz aus der Tatsache, daß die Materie kontinuierlich ausgetauscht wird, während lediglich die Form, und diese nur vorübergehend, beharrt.

Dank Freud wissen wir, daß Erinnerungen, von denen wir während unseres Lebens unzählbar viele anhäufen, zwar komprimiert, oft deformiert und viele von ihnen auch verdrängt werden. Tatsächlich werden sie allerdings nie vergessen, sind also niemals ganz irreversibel erloschen. Mit Hilfe geeigneter Techniken können verdrängte, auch sehr alte Erinnerungen zurück in das Bewußtsein gebracht werden. Auch ohne diese Nachhilfe suchen sich verdrängte Erinnerungen gelegentlich ihren Weg in die Aufmerksamkeit, indem sie sich durch Versprecher, beim Verschreiben oder in anderen Fehlern unkontrolliert artikulieren. Auch nach jahrzehntelanger Zwischenlagerung im Unterbewußtsein sind die verdrängten Erinnerungen unverändert. „*Das Unbewußte ist überhaupt zeitlos.*" (Sigmund Freud) Die Ansicht, daß das Denken lediglich eine Funktion des Gehirns sei, insofern also ganz und unmittelbar nur vom Leib abhängig, kann uns nicht dabei unterstützen, dieses rätselhafte Phänomen zu erklären, sondern verdunkelt eher die Aufklärung. Auch bei Erinnerungen über kürzere Zeitdistanzen hilft es nicht, das Denken nur als eine Gehirnfunktion zu betrachten. Denn der Körper verwandelt sich ja nicht ganz langsam über lange Zeiträume, nein, er ist in jeder Zehntelsekunde lediglich ein turbulenter Umschlagplatz von tausenden Atomen und Molekülen. Daher ist es umso erstaunlicher, daß der Intellekt fortwährend arbeitet und dabei Erkenntnisse sukzessive anhäuft, obwohl sich der Leib ununterbrochen verändert und seine Teile in jeder Sekunde neu angeordnet werden, Gehirnzellen und Nervenbahnen eingeschlossen.

Diese geheimnisvollen Vorgänge sind und bleiben ein ungelöstes Rätsel, obwohl Kant in seiner Transzendentalphilosophie die Bedingungen und Grenzen der Erkenntnis eingehend untersucht hat. Dabei ist, wie wir in Kapitel II gesehen haben, die Einheit des Bewußtseins eine entscheidende Voraussetzung der Erkenntnis von Menschen: Das erkennende Subjekt bleibt trotz des Ablaufs der Zeit identisch mit sich selbst. Ohne dies wäre Erkenntnis gar nicht möglich, denn Wahrnehmungen sind erst einmal nur eine Aneinanderreihung von unverbundenen Reizen auf die Sinne. Die Sinne selbst könnten diese zersplitterten Eindrücke nicht zu einer einheitlichen Anschauung verbinden. Jeder Reiz auf die Sinne ist unabhängig von dem vorherigen und dem nächsten Reiz. Damit alleine wäre keine Erkenntnis möglich, solange die nacheinander folgenden Eindrücke getrennt blieben. Die vielen Einzelvorstellungen müssen miteinander verbunden werden, um tatsächlich auch erkennen zu können.

Zusätzlich zu den Sinneseindrücken muß der Erkenntnisapparat also das Bewußtsein enthalten, daß sukzessive aufeinanderfolgende Wahrnehmungen einen identischen Inhalt haben und zusammengehören. *„Ohne Bewußtsein, daß das, was wir denken, eben dasselbe sei, was wir einen Augenblick zuvor dachten, würde alle Reproduktion in der Reihe der Vorstellungen vergeblich sein. Denn es wäre eine neue Vorstellung im jetzigen Zustande, die zu dem Actus, wodurch sie nach und nach hat erzeugt werden sollen, gar nicht gehörete, und das Mannigfaltige derselben würde immer kein Ganzes ausmachen, weil es der Einheit ermangelte, die ihm nur das Bewußtsein verschaffen kann.“* (Immanuel Kant) Diese Einheit des Bewußtseins ist der maßgebliche Beitrag des Verstandes, der die unzähligen, aufeinanderfolgenden Sinneseindrücke nach bestimmten Regeln verbindet. Weil die Einheit des Bewußtseins für die Erkenntnis unabdingbar ist, ist sie a priori gewiß. *„Nun können keine Erkenntnisse in uns statt finden, keine Verknüpfung und Einheit derselben unter einander, ohne diejenige Einheit des Bewußtseins, welche vor allen Datis der Anschauungen vorhergeht, und, worauf in Beziehung, alle Vorstellung von Gegenständen allein möglich ist.“* (Immanuel Kant) Die Einheit des Bewußtseins wird nicht durch die Anschauung von äußeren Dingen hergestellt, sondern die Anschauung hat bereits vor der Erfahrung zur Bedingung, daß der Erkennende sich bewußt ist, stets derselbe zu sein, der Dinge anschaut. „*Wir sind uns a priori der durchgängigen Identität unserer selbst in Ansehung aller Vorstellungen, die zu unserem Erkenntnis jemals gehören können, bewußt, als einer notwendigen Bedingung der Möglichkeit aller Vorstellungen*" (Immanuel Kant).

Daß die Einheit des Bewußtseins a priori gewiß ist, erklärt allerdings nicht, wie sie hergestellt wird. Denn der Intellekt ist ja in der Tat lediglich Funktion des Gehirns, das, wie der gesamte Leib, ununterbrochen den Stoff auswechselt, aus dem es besteht. Dieser Vorgang bleibt geheimnisvoll, erst recht, wenn wir nicht mehr nur über die gegenwärtige, einheitliche Anschauung nachdenken, die aus aufeinanderfolgenden Sinneseindrücken zusammengesetzt ist, sondern auch über die langfristige Anhäufung von Erfahrungen während der Lebenszeit eines Menschen. Schließlich ist die Einheit des Bewußtseins nicht nur kurzfristig gesichert, für den Moment der gegenwärtigen Anschauung, von Sinnesreiz zu Sinnesreiz; erstaunlicherweise bleibt die Einheit des Bewußtseins auch langfristig erhalten, sogar Jahre und Jahrzehnte, kurz: ein Leben lang. Nicht nur der Charakter bleibt, selbst der Intellekt und die Empfindungen entwickeln sich im Laufe eines Lebens eben nicht im Gleichschritt mit dem unaufhörlichen Stoffwechsel des Leibes; tatsächlich agiert der Geist völlig unabhängig davon.

Der Intellekt häuft unzählige Impressionen und Erfahrungen an, beurteilt sie, denkt darüber nach, schließt daraus und trifft Entscheidungen. Gleichzeitig sterben die Elemente des Leibes ohne Unterbrechung ab, neue Atome und Moleküle von außen kommen hinzu, und alles wird stetig neu organisiert. Am Lebensende sind die Teilchen der Materie, aus denen der Leib mit 15, 30 oder 50 Jahren bestand, vollständig aus dem Körper verschwunden. Indessen bleibt der Geist die ganze Zeit unbeeindruckt davon, ist immer noch derselbe und hat sich sogar kumulativ erweitert. Montaigne gab uns dafür ein schönes Bild, indem er seinen besten Freund zitierte:
„*Sieh! wie das Wasser stäts im Wasser laufen muß,*
Das Wasser wechselt stäts, doch bleibts derselbe Fluß."
(Stephan de la Boetie)

Der Geist ist also unabhängig von dem Körper, sofern dieser, materialistisch gedacht, lediglich eine wechselnde Anordnung seiner Elemente darstellt. Daher kann der Geist auch nicht durch den Tod des Leibes zerstört werden, der ja nichts anderes ist als eben bloß eine weitere vorübergehende Anordnung der Elemente im Organismus. Diese Elemente sterben schon zu Lebzeiten ungezählte Tode, ohne je den Charakter, die Tätigkeit des Gehirns oder die Gefühle beeinflussen zu können. An dieser Tatsache haben wir sogar, ganz ohne Philosophie, ein empirisches Indiz für das Beharren des Geistes, während die Teile des Körpers stetig verfallen.

Kant war sich über diesen Widerspruch durchaus im Klaren. Allerdings fand er darin kein Problem für die Erkenntnistheorie. In dem fortwährenden Austausch von Stoffen im Leib sah Kant lediglich ein Indiz dafür, daß das Subjekt mit dem Ablauf der Zeit eben nicht identisch bleibe, was nach seiner Auffassung auch nicht notwendig sei. Allein die Dauerhaftigkeit des Geistes, den er ja auf die Hirntätigkeit des Denkens beschränkt wissen wollte, sei eine Bedingung dafür, daß das Denken zusammenhängend bleibe. *„Es ist also die Identität des Bewußtseins meiner selbst in verschiedenen Zeiten nur eine formale Bedingung meiner Gedanken und ihres Zusammenhanges, beweiset aber gar nicht die numerische Identität meines Subjekts, in welchem, ohnerachtet der logischen Identität des Ich, doch ein solcher Wechsel vorgegangen sein kann, der es nicht erlaubt, die Identität desselben beizubehalten“* (Immanuel Kant).

Blieb das Problem, die Dauerhaftigkeit des Geistes trotz des stetigen Stoffwechsels im Leib zu erklären. Zu diesem Zweck nahm Kant an, daß der Intellekt, mit seinem stetig wachsenden Umfang an Inhalten, gewissermaßen wie beim Staffellauf durch die aufeinanderfolgenden Zustände des Körpers jeweils weitergereicht werde. Um den Ablauf zu demonstrieren, nahm er als Vergleich eine Kugel, die angeschoben wird, eine zweite anstößt, auf die neben der Bewegung auch alle Eigenschaften der ersten Kugel übertragen werden, und so geht es mit den nächsten Kugeln weiter. *„Nehmet nun, nach der Analogie mit dergleichen Körpern, Substanzen an, deren die eine der andern Vorstellungen, samt deren Bewußtsein einflößete, so wird sich eine ganze Reihe derselben denken lassen, deren die erste ihren Zustand, samt dessen Bewußtsein, der zweiten, diese ihren eigenen Zustand samt dem der vorigen Substanz, der dritten und diese eben so die Zustände aller vorigen, samt ihrem eigenen und deren Bewußtsein, mitteilete. Die letzte Substanz würde also aller Zustände der vor ihr veränderten Substanzen sich als ihrer eigenen bewußt sein, weil jene zusamt dem Bewußtsein in sie übertragen worden,* *und, dem unerachtet, würde sie doch nicht dieselbe Person in allen diesen Zuständen gewesen sein.*“ (Immanuel Kant)

Es ist erstaunlich, daß Kant hier lediglich ein fiktives Bild zeichnete, gleichsam eine Allegorie, zu dem wir in unserer sinnlichen Erfahrung kein Pendant finden. Verwunderlich ist auch, daß er bei diesem fundamentalen Mysterium nicht nur das Gebiet der gewissen Erkenntnisse a priori, sondern auch das der Erfahrung übertrat und kurzerhand zur Spekulation schritt, die er sonst als Methode der Erkenntnisgewinnung ablehnte. Aber sei's drum, auch daß er den Geist wieder auf die Tätigkeit des Intellekts reduzierte. Worauf es ankommt, ist, daß wir (und auch Kant selbst) weder nachweisen noch entkräften können, ob er recht hatte. Seine Annahme war eine Mutmaßung, mehr nicht. Kant hatte keine Erklärung, worin die Kontinuität des Geistes bei stetem Austausch der Elemente des Leibes gegründet ist, wie dies also überhaupt möglich sein kann; stattdessen lieferte er nur ein theoretisches Konstrukt, wie der Ablauf gewissermaßen technisch vonstatten gehen könnte.

Sicher ist nur, daß der Geist weder mit der Materie noch mit ihren vorübergehenden Anordnungen in veränderlichen Formen vernichtet wird. Da dies unbestreitbar ist, finden wir folgerichtig auch kein Argument für die verbreitete Annahme, daß der Geist mit der letzten Form des Körpers, mit der spezifischen Anordnung der Materie unmittelbar vor dem Tod, zerstört wird. Nach dem letzten Atemzug ist der Leib wieder bloß eine bestimmte, unbeständige Anordnung der Materie.

Wenn der Geist, oder wenigstens sein innerster Wesenskern, sein moralisches Streben, mit dem Tod des Leibes und auch danach nicht zerstört wird, dann kann er auch nicht erschaffen worden sein, muß also auch vor der Geburt und der Zeugung bereits existiert haben. Denn der nun mehrfach wiederholte Grundsatz lautet ja, daß etwas nicht nur nicht zu Nichts werden kann, sondern ebenso nicht aus Nichts erzeugt werden kann. Von der vollständigen Vernichtung des Geistes kann nur ausgehen, wer den Geist auf die Tätigkeit des Intellekts reduziert und daher ebenfalls annehmen muß, daß der Geist, als Funktion des Gehirns, vor dem Gehirn eben auch nicht existiert haben kann. Dies war die Schlußfolgerung Kants, der sich fast mokierte über die Ansicht, der Geist könne vor der Geburt ohne ein Gehirn tätig gewesen sein: „*Die Meinung, daß das denkende Subjekt vor aller Gemeinschaft mit Körpern habe denken können, würde sich so ausdrücken: daß vor dem Anfange dieser Art der Sinnlichkeit, wodurch uns etwas im Raume erscheint, dieselbe transzendentale Gegenstände, welche im gegenwärtigen Zustande als Körper erscheinen, auf ganz andere Art haben angeschaut werden können.*" (Immanuel Kant) Was beim ersten Lesen wie Hohn und Spott klingt, enthält allerdings, wenn man den Satz noch einmal liest, einen Hinweis darauf, daß es für den Geist vielleicht doch andere Wege zur Erkenntnis geben könnte als allein die Nutzung des Gehirns.

*

Nun sind weit über 200 Jahre vergangen, seitdem Kant seine Auffassungen niederlegte. Wir haben vorhin bereits gesehen, daß die bildgebende Medizindiagnostik heute Zugänge zu den Aktivitäten des Gehirns, des denkenden Geistes also und auch des fühlenden, ermöglicht, die zu Zeiten Kants unvorstellbar waren und daher für unmöglich gehalten wurden. Tatsächlich gibt es aus der Forschung inzwischen auch empirische Hinweise darauf, daß Bewußtsein selbst dann möglich ist, wenn die Sinne ruhen und sogar das Gehirn erwiesenermaßen untätig ist. Dieses bedeutende und entscheidende Wissen haben Forscher aus der systematischen Untersuchung sogenannter Nahtoderfahrungen gewonnen.

Dabei sind Nahtoderfahrungen natürlich keine Phänomene, die erst in der neuesten Zeit aufgetreten sind, sie sind nur inzwischen besser erforscht. Verstreute Hinweise auf solche Erlebnisse gibt es erheblich länger, zum Teil seit über zweitausend Jahren. Eine Erzählung Platons wird etwa dazu gezählt. Er berichtete in seinem Stück „*Politeia*" über die Geschichte des Soldaten Er. Dieser war auf dem Schlachtfeld schwer verletzt und für tot gehalten worden. Über zehn Tage hatte er dort gelegen, wohl in einer Art Koma, bevor er zur Bestattung nach Hause geholt wurde. „*Als er aber am zwölften Tage auf dem Scheiterhaufen lag, lebte er wieder auf und berichtete sodann, was er dort gesehen. Er sagte aber, nachdem seine Seele ausgefahren, sei sie mit vielen andern gewandelt*" (Sokrates, nach Platon). Auch ein Erfahrungsbericht von Montaigne wird als Nahtoderfahrung gedeutet. Montaigne berichtete über seine Gefühle und Wahrnehmungen, die er hatte, während er in Ohnmacht lag, nachdem er durch einen Unfall mit seinem Pferd schwer gestürzt und verletzt worden war. Für eine kurze Zeit danach empfand er weder Schmerzen noch Unruhe. Seine Schlußfolgerung aus dem Vorfall war: *„Denn ich glaube ganz gewiß, daß man sich dem Tode nähern muß, wenn man sich dazu gefaßt machen will."* (Michel de Montaigne) Auch Schopenhauer beschrieb Ereignisse, die man wohl als Nahtoderfahrungen deuten darf: *„Ferner ist auch die Wahrnehmung, welche gewisse Scheintodte von Allem, was um sie vorgeht haben, während sie starr und unfähig ein Glied zu rühren daliegen, ohne Zweifel, eben dieser Art: auch sie träumen ihre gegenwärtige Umgebung, bringen also dieselbe, auf einem andern Wege, als dem der Sinne, sich zum Bewußtseyn. Man hat sich sehr bemüht, dem physiologischen Organ, oder dem Sitz dieser Wahrnehmung, auf die Spur zu kommen: doch ist es damit bisher nicht gelungen."* (Arthur Schopenhauer)

Diese alten Geschichten lassen auf Nahtoderfahrungen schließen, haben jedoch den Nachteil, daß sie mangels Gelegenheit nie systematisch untersucht worden sind. Daher ist auch nicht verbrieft, inwieweit die Sinne, das Gehirn oder die Nervenbahnen vielleicht doch an den Erlebnissen beteiligt waren. Das Mysteriöse, gleichzeitig auch Entscheidende, an späteren, gut untersuchten Nahtoderfahrungen ist nämlich, daß nicht nur die Sinne außer Gefecht sind, sondern das Gehirn selbst nicht mehr aktiv ist, obwohl doch nun dieses der alleinige Produzent unserer Vorstellungen sein soll. Obwohl sie entscheidend sind, um das Verhältnis des Geistes zum Körper adäquat zu verstehen, sind Nahtoderfahrungen erst in den letzten Jahrzehnten methodisch beschrieben und beurteilt worden. Bahnbrechend war die große Studie des niederländischen Kardiologen Pim van Lommel, der Patienten befragte, die einen Herzstillstand überlebt hatten, indem sie rechtzeitig reanimiert worden waren. Van Lommel wertete 344 Fälle aus, die sich zwischen 1988 und 1992 ereigneten.

Auch bei anderen Ereignissen können Menschen eine Nahtoderfahrung machen, z. B. im Koma, während der Bewußtlosigkeit nach einem Schock oder in Narkose, gelegentlich sogar, wenn sie wach sind, bei einer Depression oder während einer Meditation. Beim Herzstillstand allerdings ereignen sich die Nahtoderfahrungen unter Umständen, die weitreichende Konsequenzen auch für die Philosophie haben. Denn bei einem Herzstillstand von fünf bis höchstens zehn Minuten sind die Patienten vorübergehend klinisch tot, weil das Gehirn nicht ausreichend mit Blut versorgt wird, seine Tätigkeit einstellt und deshalb nicht bewußt erleben kann. Die meisten Patienten, die im Rahmen der Studie befragt wurden, hatten dann auch keine Erinnerung an die

Phase des vorübergehenden Herzstillstands. Eine Nahtoderfahrung aber hatten immerhin 18 Prozent, davon zwei Drittel eine mittlere bis sehr tiefe Erfahrung mit verschiedenen Erlebnissen. Das entspricht in der Tendenz den Zahlen aus weiteren Studien, die allerdings deutlich weniger Patienten umfaßten. Darin hatten zwischen 11 und 23 Prozent der Patienten während des Herzstillstands eine Nahtoderfahrung. Wir können also davon ausgehen, daß ungefähr jeder fünfte bis zehnte Mensch bei entsprechenden Umständen eine Nahtoderfahrung machen kann.

Warum das nur für eine Minderheit gilt, ist nicht erklärbar. Zusammenhänge mit Herkunft, Geschlecht, Religion, Bildung, Beruf oder ähnlichen Variablen gab es nicht, auch nicht mit der Dauer des Herzstillstands. Lediglich im Hinblick auf das Alter gab es eine statistische Häufung, wobei jüngere Patienten unter 60 Jahren zwar häufiger als ältere, aber bei weitem auch nicht immer eine Nahtoderfahrung hatten, und ältere Patienten durchaus auch, nur eben seltener. Für unsere Fragen ist die statistische Verteilung ohnehin zweitrangig. Wenn der Geist mit dem Intellekt, mit der Tätigkeit des Gehirns, gleichgesetzt wird und auch nur unter diesen Umständen möglich sein soll, dann reicht ein einziger nachgewiesener Fall, bei dem es Erfahrung ohne Gehirntätigkeit gibt, um die ganze Auffassung als einzig richtige umzustoßen.

Nahtoderfahrungen enthalten bis zu zwölf verschiedene Inhalte, die typischerweise auftreten können. Zwar können die Inhalte der Nahtoderfahrungen von den Forschern nicht von außen gleichsam aufgezeichnet werden, die Ergebnisse der Untersuchung gründen sich allein auf die Schilderungen der Patienten. Da diese Erinnerungen sich jedoch frappierend ähneln und jeweils ohne Kenntnis der Erinnerungen anderer Patienten berichtet wurden, können sie als echt gelten. Typisch für Nahtoderfahrungen ist etwa ein Tunnelerlebnis, bei dem der Mensch von einem intensiven, aber nicht blendenden Licht angezogen wird und sich durch einen Tunnel darauf zubewegt, verbunden mit dem Eindruck, von der gewohnten Körperwelt in eine neue Dimension zu wechseln. Einige Patienten empfanden das Licht wie ein Wesen, das mit ihnen kommunizierte und sie aufnahm, als ob sie in einer Einheit mit allem aufgingen. Auch typisch für eine Nahtoderfahrung ist das Wiedertreffen mit verstorbenen Freunden oder Angehörigen, mit denen kommuniziert werden konnte.

Bei diesen und den meisten anderen Erfahrungen mußten sich die Forscher um Van Lommel auf die Berichte der Patienten verlassen. Überprüfbar sind diese Erfahrungen also streng genommen nicht. Obwohl die Erlebnisse unabhängig voneinander geschildert wurden und große Übereinstimmungen zeigten, läßt sich nicht wasserdicht beweisen, daß sie wirklich echt und keine Erfindungen oder Einbildungen der Patienten waren. Deshalb ist ein anderes typisches Erlebnis während des Herzstillstands entscheidend für die Beurteilung von Nahtoderfahrungen und die Konsequenzen aus ihnen, nämlich die außerkörperliche Erfahrung. Dieses Erlebnis hatte ein Viertel der Menschen mit einer Nahtoderfahrung. Dabei sahen die Patienten während des Herzstillstands sich selbst und ihre Umgebung, meistens von oben, als ob sie eben nicht mehr in ihrem Körper waren. Sie konnten ihren toten Körper beobachten, die Ärzte und Pfleger um sie herum während der Wiederbelebung, auch den Behandlungsraum mit den medizinischen Geräten. Die Patienten konnten sogar hören, was die Ärzte und Pfleger während der Behandlung besprachen. Dies nun lieferte die entscheidende Möglichkeit zur objektiven Prüfung der außerkörperlichen Erfahrung: Was die Patienten schilderten, konnten die Ärzte und Pfleger später bestätigen. Da sie ja selber Teil der Erfahrungen der Patienten waren, wußten die Beteiligten, was sie während der Wiederbelebung getan und miteinander besprochen hatten. Die Schlußfolgerung war umwerfend. Außerkörperliche Erfahrungen mit optischen und akustischen Wahrnehmungen waren keine Erfindungen, keine Hirngespinste, sie waren real: Empfindungen und Vorstellungen in einem Zustand, in dem alle Sinne ruhten und das Gehirn nicht tätig war. Insofern hatten diese gut dokumentierten Nahtoderfahrungen weitreichende Folgen, nicht allein für die Patienten, von denen die meisten nach dem Erlebnis keine Angst mehr vor dem Tod hatten. Das materialistische Weltbild der Naturwissenschaften ist als allein gültige Erklärung widerlegt. Demnach könnte der Geist ja nur durch Materie geschaffen werden, wären Anschauungen alleinig als ein Produkt der Sinne und neuronaler Netze möglich, wäre intellektuelle Tätigkeit immer nur Funktion des Gehirns und nie etwas anderes. Anders gesagt: Nahtoderfahrungen wären einfach nicht möglich.

Die Studie von Van Lommel hat das Gegenteil bewiesen. Während eines Herzstillstands fällt das Gehirn nach kurzer Zeit vollständig aus, da es nicht mehr mit Blut und Sauerstoff versorgt wird. Die elektrische Aktivität wird unterbrochen, die verschiedenen Regionen des Gehirns können nicht mehr kommunizieren. Noch beeindruckender ist ein Fall aus dem Jahr 1991, der nicht während eines Herzstillstands, sondern bei der Operation an einem Gehirn unter Narkose auftrat. Denn dieser Fall ist bestmöglich dokumentiert, weil während der Operation alle Daten der Gehirntätigkeit fortlaufend aufgezeichnet wurden. Die Patientin konnte später ihre Beobachtungen schildern, die sie unter der Narkose gemacht hatte – in einer Zeitspanne, während der das Gehirn der Patientin, durch die Aufzeichnungen der Geräte dokumentiert, erwiesenermaßen nicht aktiv war. Das Gehirn wurde in dieser Zeit nicht durchblutet, Hirnrinde und Hirnstamm zeigten keinerlei elektrische Aktivität. Die Ärzte, die an der Operation beteiligt waren, bestätigten die Schilderungen der Patientin. Dieser Fall hat unwiderlegbar bewiesen, daß Wahrnehmung und Bewußtsein auch unabhängig vom Gehirn möglich sind. Das könnte sogar bedeuten, daß Wahrnehmung und Bewußtsein vielleicht auch dann unabhängig vom Gehirn möglich sind, wenn ein Mensch wach ist. Die Erlebnisse im Bewußtsein entsprechen dann zwar der Gehirntätigkeit. Dieses zeitliche Zusammentreffen verlangt allerdings nicht unbedingt, daß die Tätigkeit des Gehirns die Erfahrung hervorbringt. Möglicherweise ist das Feuerwerk der Synapsen nicht die Ursache, sondern die Folge von Erlebnissen des Bewußtseins, die in der meßbaren Gehirntätigkeit lediglich abgebildet werden.

Um das mysteriöse Phänomen der Nahtoderfahrungen zu erklären, nutzte Van Lommel ein Modell, das von den Ergebnissen der Quantentheorie ausging, von den Prinzipien der Welle-Teilchen-Dualität, der Verschränkung und der Nicht-Lokalität. In diesem Modell entspringen Bewußtsein und Erinnerungen einem nicht-lokalen Raum, der ewige, nicht direkt wahrnehmbare Wellenfunktionen enthalte. *„Diese Wellenfunktionen, in denen alle Aspekte des Bewusstseins als Informationen gespeichert sind, sind ständig (nicht-lokal) im Körper und in seinem Umfeld gegenwärtig. Das Gehirn und der Körper funktionieren nur wie eine Empfangsstation“* (Pim van Lommel). Das Gehirn erzeuge also kein Bewußtsein, sondern empfange es nur aus dem nicht-lokalen Raum, an den es wiederum Daten aus dem Körper und aus den Sinnesorganen sende. Wenn die Tätigkeit des Gehirns ruht, wie bei einem Herzstillstand, wird die Verbindung unterbrochen. Das sei die Voraussetzung für eine Nahtoderfahrung. *„So wird es möglich, außerhalb des Körpers das endlose und erweiterte Bewusstsein, den Wellenaspekt des Bewusstseins, zu erfahren.“* (Pim van Lommel)

Das Modell von Van Lommel ist teilweise plausibel, zeigt aber auch Unstimmigkeiten. Es läßt offen, wieso ein bestimmtes Gehirn ohne Unterlaß und Ausnahme lediglich ein bestimmtes Bewußtsein oder einen bestimmten Ausschnitt des nicht-lokalen Bewußtseins empfängt. Wäre das Bewußtsein nicht-lokal, also immer und überall, genau genommen außerhalb von Raum und Zeit, dann müßte ich auch die Inhalte des Bewußtseins meines Arztes, meines Freundes in Frankfurt, des Bundeskanzlers oder eines Philosophen der Antike empfangen können. Tatsächlich sind die Inhalte meines Bewußtseins jedoch einzigartig und von anderen abgrenzbar. Unbeantwortet bleibt auch die Frage, was eigentlich während einer Nahtoderfahrung Bewußtsein empfängt bzw. speichert, wenn es das Gehirn ja nicht sein kann. Schließlich ist es rätselhaft, warum die Erlebnisse während einer Nahtoderfahrung den Anschauungen aufgrund von Sinneseindrücken gleichen, trotzdem in dieser Zeitspanne die Sinne ebenfalls ruhen. Das Bewußtsein kann auch nicht endlos sein, wie Van Lommel meint. Seine Studie belegt, daß das Bewußtsein körperlos sein kann; darum ist es aber nicht auch endlos. Es ist eigentlich schon eine Tautologie, daß das Bewußtsein Inhalte hat. Ich muß e t w a s vorstellen oder denken, sonst stelle ich nicht vor und denke auch nicht. Die Inhalte ändern und entwickeln sich jedoch, sind also geworden. Was aber wird, muß auch vergänglich sein, einen relativen Anfang und ein relatives Ende haben. Also nicht das Bewußtsein ist endlos – wohl aber das Potential für Bewußtsein, das ohne Anfang und Ende, im Grunde außerhalb von Raum und Zeit, in etwas ebenso Dauerhaftem geborgen ist.

Es gibt zwar keine plausible Antwort auf die Frage, warum nur eine Minderheit Nahtoderfahrungen macht. Allerdings hat die Studie von Van Lommel grundsätzlich nachgewiesen, daß körperloses Bewußtsein möglich ist. Das Phänomen der Nahtoderfahrungen, insbesondere außerkörperliche Erfahrungen, sind das letzte empirische Glied in der Kette von Belegen, die uns die Unabhängigkeit des Geistes vom Leib demonstrieren. Daher kann man den Wert der Untersuchung von Van Lommel nicht hoch genug ansetzen. „*Noch immer gibt es mehr Fragen als Antworten. Doch angesichts all der geschilderten Bewusstseinserfahrungen sollten wir ernsthaft die Möglichkeit in Erwägung ziehen, dass der Tod ebenso wie die Geburt nur einen Übergang in einen anderen Bewusstseinszustand darstellt.*“ (Pim van Lommel)

*

Alle Rätsel, die der Geist, seine Bestandteile, sein Verhältnis zum Körper, das Bewußtsein und solche Phänomene wie Nahtoderfahrungen uns aufgeben, lassen sich vielleicht nie endgültig lösen. Gleichwohl hat uns die Philosophie, im Verbund mit empirischen Indizien, nun doch schon eine ungefähre Vorstellung davon gegeben, wie der Geist beschaffen ist, auch mit Blick auf unsere Frage, was nach dem Tod bleibt und daher auch immer schon gewesen sein muß. Die Angst vor dem Tod steigt und sinkt dabei für viele Menschen vor allem damit, ob und was von ihrer Individualität erhalten bleibt, solange sie sich mit dem Ende des Leidens im Leben alleine nicht trösten können, und auch nicht damit, daß unser aller einheitliches Wesen unzerstörbar ist. Die Individualität ist nun selbst allerdings nichts, das sich von selbst erklärt.

Was Menschen voneinander unterscheidet, die Erscheinung des Körpers und des Geistes, hat nichts mit der Materie zu tun, aus denen Menschen zusammengesetzt sind. Die Stoffe im Körper, die Atome und Moleküle, haben überhaupt keinen Einfluß auf die Individualität, auch nicht die Teile des Atoms, der Kern mit Protonen und Neutronen oder die Hülle mit Elektronen. Denn alle Elemente eines lebendigen Körpers werden rund um die Uhr ausgetauscht. *„Das gilt insbesondere für die Zellen im menschlichen Gehirn, auch wenn nach der Geburt keine wirklich neuen Hirnzellen mehr produziert werden. Die weitaus überwiegende Anzahl der Atome in jeder lebenden Zelle (auch in jeder Hirnzelle) – und praktisch sogar das gesamte Körpermaterial – ist seit der Geburt viele Male ausgewechselt worden.“* (Roger Penrose) Spätestens nach sieben Jahren ist kein Atom mehr da, das vorher da war. Überhaupt haben die Atome keinen Einfluß darauf, daß in einem Körper Leben ist oder daß es in dem Geist dieses Körpers Bewußtsein gibt. Alle Partikelchen Materie in einem Lebewesen waren vorher unendlich lange bereits Teile von leblosen Gegenständen (und vielleicht auch schon von anderen lebenden Wesen). Und am Anfang des Universums waren alle Elemente aller Atome, die wir jetzt gerade im Herzen, in der Galle oder im Kopf mit uns herumtragen, gleich allen anderen Elementen auf der Erde, bloß Sternenstaub, wie die Physikerin Danah Zohar treffend bemerkte.

Der gesamte Körper besteht vorwiegend aus Zellen, die als solche ganz absterben und dann an der Stelle neu gebildet werden. Maßgeblich für die Verbindung mit dem Geist sind allerdings die Zellen im Gehirn und in den Nervenbahnen. Bei ihnen werden zwar nicht die gesamten Zellen ausgetauscht, dafür jedoch, im Zuge des Stoffwechsels, die Atome und Moleküle in den Zellen. Auch die Tätigkeit des Gehirns und der Nerven ist also unabhängig von der bestimmten Materie, aus der sie bestehen. Aus dem fortlaufenden Austausch der Materie im gesamten Körper können wir nun also schließen, daß der Geist und durchaus auch die Form des Körpers unabhängig von der Materie sind. Denn nicht nur der Geist bleibt trotz des Stoffwechsels erhalten, auch der Körper behält für eine zwar vorübergehende, aber doch längere Zeit seine wesentliche Form. In ihrer relativen Unabhängigkeit von der Materie ähneln sich Geist und Körper also, ihre Individualität muß in etwas anderem gegründet sein.

Nicht nur der permanente Austausch der Elemente ist ein Beleg für die relative Unabhängigkeit des Geistes und des Körpers von der Materie, auch die Beschaffenheit der Elemente. Denn diese kleinsten Einheiten in jedem Körper haben selbst keine Individualität, sie sind identisch und können daher gar nicht dazu beitragen, daß Körper oder Geist individuell sind. Nach der Quantenmechanik, erläuterte Penrose, sind Elektronen, Protonen oder andere Teilchen völlig identisch. *„Würden ein Elektron in einem Gehirn und ein Elektron in einem Ziegel miteinander vertauscht, dann wäre der Zustand des gesamten Systems nicht nur ununterscheidbar vom vorigen, sondern e x a k t d e r s e l b e wie zuvor! (...) Wir müssen also hinnehmen, daß die Individualität eines Menschen nichts mit irgendeiner Individualität zu tun hat, die man seinen materiellen Bestandteilen zuschreiben könnte. Statt dessen muß sie gewissermaßen von der K o n f i g u r a t i o n dieser Bestandteile herrühren.“* (Roger Penrose) Diese Konfiguration ist sozusagen der Bauplan, das Prinzip, das außerhalb der Materie liegt und sowohl den individuellen Körper als auch den individuellen Geist hervorbringt. Aus der Materie ist der Stoff gebildet, aus dem Stoff der Körper, und der Körper ist das Instrument des Geistes, mit dem er erkennt und kommuniziert. Beide treten als Erscheinungen in unsere Vorstellungen, doch ihre Konfiguration, der Bauplan, ist das innerste Wesen ihrer Erscheinung und eben ihrer Individualität.

Dieses Prinzip ist nicht nur das Wesen der individuellen Erscheinung eines Menschen, sondern aller, eben auch aller belebten Dinge in der Natur. Die Stoffe aller Dinge, aus Materie gebildet, schaffen kein Leben, auch nicht die in ihnen tätigen Naturkräfte, sei es Anziehung, Schwere oder anderes, wie der engste Vertraute von Schopenhauer bemerkte: *„Aber, wenn die Natur nicht auf niedern Stufen stehen bleiben, sondern vom Unorganischen zum Organischen und innerhalb des letztern von der Pflanze bis zum Menschen emporsteigen soll, so kann es nur geschehen, indem sie jede niedere Stufe nur als Stoff für die Formen des Höhern verwendet, es muß also in der Natur ein gestaltender Wille, ein Bildungstrieb angenommen werden, der mittels des Niedern das Höhere hervorbringt.“* (Julius Frauenstädt) Diesem Trieb entspringt nicht nur das Leben überhaupt, sondern auch jede individuelle Erscheinung. Erst durch die Erscheinung tritt der individuelle Bauplan in die Welt als Vorstellung ein, der Körper als physische Erscheinung, der Geist mit seinem Charakter, durch den Ausdruck des Körpers. Wie jeder Bauplan liegt auch das innerste Wesen jedes Individuums vor seiner Erscheinung da, tatsächlich liegt es, da es selbst nicht Erscheinung ist, weder wird noch vergeht, außerhalb von Zeit und Raum. Wir sind hier also wieder bei dem, was Schopenhauer den Willen zum Leben nannte. Körper und Geist sind Erscheinungen von etwas Höherem, das selbst nicht Erscheinung und daher nicht vergänglich ist. Also nicht erzeugt der Körper den Geist als seine Funktion; auch ist es nicht der Geist, der sich einen Körper schafft und ihn belebt. Vielmehr sind beide bloß Erscheinungen, miteinander, aber unabhängig voneinander, in denen sich die universale Urkraft als individueller Wille zum Leben darstellt.

Daß dieses Verständnis von Körper und Geist nicht bloß philosophische Spekulation, gar Spinnerei ist, bezeugt die Auffassung verschiedener Physiker, *„dass Materie einen Doppelaspekt hat – dass Geist und Materie zwei Seiten derselben Medaille sind.“* (Danah Zohar/Ian Marshall) Nach dieser Ansicht hat alles, vom Partikelchen bis zum komplexen Körper, ein Proton sowohl wie eine Rose oder eine Maus, ein Potential für Bewußtsein oder *„Protobewusstsein“* (Danah Zohar/Ian Marshall). Die neuronalen Schwingungen in einem menschlichen Gehirn finden auf einer Frequenz statt, nämlich 40 Hz, auf der aus dem potentiellen ein wirkliches, differenziertes Bewußtsein wird. Wenn das Potential für Bewußtsein in allen Dingen enthalten und die neuronalen Schwingungen beim Menschen eine von vielen Ausgaben dieses Potentials sind, dann wäre der menschliche Geist mit dem Wesen aller Dinge verbunden. *„Es würde bedeuten, dass ein grundlegender Aspekt der menschlichen Intelligenz uns Zugang zum Grund des Seins verschafft, zu den grundlegenden Gesetzen und Prinzipien der Existenz“* (Danah Zohar/Ian Marshall). Der gewöhnliche Materialismus der Naturwissenschaften kapituliert bei der Erklärung. Plausibel werden diese Zusammenhänge nur, wenn weder Materie noch Geist die erste Ursache sind; vielmehr *„entwickeln sich sowohl Geist als auch Materie emergent aus etwas noch Grundlegenderem, das beides oder nichts von beidem ist.“* (Danah Zohar/Ian Marshall)

Anders als die Materie hat der Geist einen individuellen Anteil, nämlich den Charakter, der nicht materiell, individuell und unveränderlich ist. Der Charakter ist auch nicht zusammengesetzt, also entstanden, sondern angeboren; zwar tritt er erst durch die Tätigkeiten des Leibes als Erscheinung auf, er war jedoch bereits vor der Geburt da und wird nach dem Tod bleiben, da dieser Anteil des Geistes außerhalb der Zeit liegt. Wenn etwas individuell ist, überhaupt nur individuell sein kann, dann ist es dieser moralische Anteil des Geistes, denn auf den Körper, der zusammengesetzt und immer nur Erscheinung ist, kann der Begriff des Individuums gar nicht zutreffen. Als Individuum bezeichnen wir, dem Wortsinne des lateinischen Ursprungs nach, nicht bloß etwas, das einzigartig, sondern vor allem etwas, das unteilbar ist, da das Wort eine Verneinung des Verbs dividere, teilen, ist. Der Körper ist milliardenfach teilbar und ohnehin in der Zusammensetzung flüchtig, weshalb es für die echte Individualität eines Menschen ganz ohne Bedeutung ist, wie er aussieht. Individualität kann deshalb nur etwas haben, das nicht körperlich ist. Wenn bei einem Menschen davon die Rede ist, er sei ein Individuum, dann hat diese Aussage nur Gültigkeit, soweit sie sich auf den unveränderlichen Anteil des Geistes bezieht. Anders als Denken und Empfinden ist der Charakter keine Funktion des Gehirns. Wie Pferde, die eine Kutsche ziehen, ist der Intellekt, als Tätigkeit des Gehirns, kräftig oder schlaff, flink oder träge; doch die Richtung bestimmt allein der Charakter auf dem Kutschbock. Mysteriös und unerklärlich bleibt nur, warum sich ein bestimmter Körper mit einem bestimmten Geist verbindet und beide gemeinsam als Erscheinung auftreten.

Obwohl der Geist auch als Ganzes relativ unabhängig vom Körper ist, verringern sich dennoch seine intellektuellen Fähigkeiten, wenn der Körper degeneriert, etwa im höheren Alter, nach Verletzungen des Gehirns oder bei Demenz. Der Geist verschließt sich, der Körper ist kaum mehr als eine Marionette des Schattens des Geistes. Soweit der Geist mit seinen veränderlichen Anteilen an die Tätigkeit des Gehirns gebunden war, kann er mit dem Körper nicht mehr wie gewohnt wahrnehmen und sich durch ihn auch nicht mehr ausdrücken. Der Geist als Ganzes ist jedoch überhaupt nicht untergegangen. So erinnern sich sehr alte oder demenzkranke Menschen z. B. besonders lebhaft an Ereignisse aus ihrer Kindheit. Sogar das Gedächtnis, einer der veränderlichen Anteile des Geistes, mutet zu Lebzeiten als unzerstörbar an, indem *„längstvergangene Dinge in einem lebhaften Erinnerungsvermögen ein unverwelkliches Daseyn haben, das die Zeit nicht antastet, und welches dafür zeugt, daß etwas in uns ist, das nicht altert und folglich nicht im Bereich der Zeit liegt."* (Arthur Schopenhauer) Neben den Erinnerungen gibt es erst recht noch den unveränderlichen Anteil, den innersten Wesenskern eines Menschen, der sich von den schlimmsten Gebrechen des Gehirns unberührt zeigt und seine Unzerstörbarkeit offenbart. Für alle, die dem Philosophen noch mißtrauen, rufe ich einen Experten der Praxis in den Zeugenstand. Aus seinen beruflichen Erfahrungen berichtete der Neurologe Oliver Sacks: *„Ein Alzheimer-Patient mag in eine ‚zweite Kindheit' regredieren, doch Aspekte seines Kerncharakters, seiner Persönlichkeit, seiner Person und seines Selbst überleben mit bestimmten, fast unzerstörbaren Formen des Gedächtnisses – selbst bei stark fortgeschrittener Demenz. Es ist, als hätte die Identität eine so robuste, breit gestreute neuronale Basis, als wäre der persönliche Stil so tief im Nervensystem verankert, dass sie nicht ganz verloren gehen kann, zumindest solange überhaupt noch irgendwelches geistiges Leben vorhanden ist."* (Oliver Sacks)

Was der Arzt und Naturwissenschaftler Sacks hier beschrieb und damit empirisch bestätigte, hatte bereits Schopenhauer als Philosoph festgestellt: *„Hohes Alter, Krankheit, Gehirnverletzung, Wahnsinn, können das Gedächtniß ganz rauben. Aber die Identität der Person ist damit nicht verloren gegangen. Sie beruht auf dem identischen Willen und dem unveränderlichen Charakter desselben."* (Arthur Schopenhauer) Daß der Geist als Erscheinung sich ausdrückt, bleibt auch in diesem Stadium an die Existenz eines Körpers gebunden, aber der innerste Wesenskern, die moralische Ausrichtung des Geistes, bleibt von dem schlimmsten körperlichen Verfall unberührt. Schließlich räumte Schopenhauer auch ein, daß alle Ansichten über die Zerstörung des Geistes durch den Tod des Leibes ihren Grund nur in den unvollständigen, auf Wahrnehmung beruhenden Vorstellungen haben. Einen Zustand mit Bewußtsein könne es zwar nur geben, wenn ein Mensch erkenne, was die Trennung eines erkennenden Subjekts von einem erkannten Objekt voraussetze. *„Allein wir haben zu erwägen, daß diese ganze Form des Erkennens und Erkanntwerdens bloß durch unsere animale, mithin* *sehr sekundäre und abgeleitete Natur bedingt, also keineswegs der Urzustand aller Wesenheit und alles Daseyns ist, welcher daher ganz anderartig und doch nicht bewußtlos seyn mag. (...) Wenn wir nun, durch den Tod, den Intellekt einbüßen; so werden wir dadurch nur in den erkenntnißlosen Urzustand versetzt, der aber deshalb nicht ein schlechthin bewußtloser, vielmehr ein über jene Form erhabener seyn wird, ein Zustand, wo der Gegensatz von Subjekt und Objekt wegfällt; weil hier das zu Erkennende mit dem Erkennenden selbst wirklich und unmittelbar Eins seyn würde*" (Arthur Schopenhauer). Dies wäre dann, jenseits der Welt als Vorstellung, so etwas wie das Aufgehen der Individualität in dem einheitlichen Wesen aller Dinge. Verschiedene Berichte von Nahtoderfahrungen zeigen dagegen an, daß es auch körperloses Bewußtsein eines individuellen Geistes geben kann.

Wenn wir nun alle philosophischen Überlegungen und die skizzierten Forschungsergebnisse im Zusammenhang betrachten, dann gibt es im Hinblick auf unsere Angst vor dem Tod auch keinen Grund mehr, die Vernichtung unserer Individualität und den vollständigen Verlust des Bewußtseins zu fürchten. Wenn der Geist nur Intellekt als Gehirnfunktion wäre, dann würde er mit dem Tod des Leibes zerstört. Der Geist enthält als unveränderlichen Anteil jedoch sowohl den angeborenen, unzusammengesetzten und unveränderlichen Charakter als auch ein Potential für Bewußtsein. Was über die Endlichkeit des Intellekts gesagt wird, ist hierfür ohne Bedeutung. Niemand bestreitet, daß sich das sinnliche Anschauen und Denken stetig verändert, wird und vergeht, und in der vertrauten Form untergehen wird. Die Gleichsetzung von Geist und Intellekt ist allerdings Gaukelei. Der unveränderliche, innerste Wesenskern ist die moralische Ausrichtung des Denkens und Empfindens, der Charakter, und schließlich ist das Potential für Bewußtsein ohne Anfang und Ende, weder räumlich noch zeitlich.

Ähnlich wie die Stoffe, aus denen der Körper nach einem individuellen Bauplan zusammengesetzt ist, aus ewiger Materie besteht, hat auch der individuelle Geist ein Substrat außerhalb der Erscheinung, ohne das er nicht als Erscheinung auftreten könnte. Dabei ist es erst einmal einerlei, wie man dieses Substrat nennt, ob wir es als Seele bezeichnen wie Sokrates und Platon, als Âtman wie die Upanishaden, als Charakter mit Potential für Bewußtsein, oder ob wir es mit einem anderen Wort belegen. Anschauen, Denken und Bewerten sind Aktivitäten des sterblichen Gehirns, die nicht aus dem Nichts hervorgebracht werden; immer muß es ein Potential dafür geben, ein Streben und etwas, das sie steuert. Dieses ist das Substrat des Geistes, das nicht erst mit der Geburt entsteht, wenn der Geist allmählich beginnt, aktiv zu sein. Was aber schon bei der Geburt existiert, war vorher unabhängig vom Körper da, und kann durch den Tod des Leibes nicht mit vernichtet werden, wenn die anderen, zusammengesetzten Anteile des Geistes aufgelöst werden. Denn immer gilt, daß etwas nicht aus Nichts erzeugt werden und auch nicht zu Nichts werden kann. Was wir hier als das unzerstörbare Substrat des Geistes annehmen, wird also nicht durch den Tod des Körpers zerstört, wohl aber von ihm getrennt, wie es auch erst durch die Zeugung mit ihm vereint worden ist. *„Ob wir wohl glauben, daß der Tod etwas sei? (...) Und wohl etwas anderes als die Trennung der Seele von dem Leibe? Und daß das heiße tot sein, wenn abgesondert von der Seele der Leib für sich allein ist und auch die Seele abgesondert von dem Leibe für sich allein ist? Oder sollte wohl der Tod etwas anderes sein als dieses?"* (Sokrates, nach Platon)

Schopenhauer kritisierte die Philosophen, die von einer eigenständigen Seele ausgingen, sie als das Primäre ansahen und mit dem Denken gleichsetzten. In der Gleichsetzung von Geist und Intellekt folgte ihnen Schopenhauer, wie wir wissen; allerdings, und das ist sein überragendes Verdienst, erkannte er den Willen als das Primäre, während der Intellekt das Sekundäre ist, da er vom Leib als der Objektivation des Willens abhängig ist. Dies belegt aber nicht, daß der Geist endlich ist, sondern nur, daß der mit einem Gehirn denkende Geist untergeht, wie natürlich alle Aktivitäten des Gehirns unstreitig beim Tode eingestellt werden. Das Denken usw. ist aber nicht die Seele, der innerste Wesenskern eines Geistes. Der ewige, unentstandene Anteil des Geistes, den ich hier voraussetze, ist weder das Denken, auch nicht das Empfinden, noch das Primäre selbst. Das Primäre ist die universale Urkraft, die sich im Menschen als individueller Wille zum Leben zeigt. Dieser Wille stellt sich nicht allein in Erscheinungen dar, die aus Materie zusammengesetzt sind, z.B. der Leib, sondern auch in dem Phänomen des Charakters, dem innersten Wesenskern jedes Geistes. Sogar Schopenhauer schrieb über das Verhältnis des moralischen Wesens eines Menschen zu der Tätigkeit seines Intellekts: *„Im Herzen steckt der Mensch, nicht im Kopf. (...) Dies ist Das, was jenes Andere hervorbringt; nicht mitschläft, wann jenes schläft, und eben so, wann dasselbe im Tode untergeht, unversehrt bleibt."* (Arthur Schopenhauer)

Dazu kommt, daß unsere Erkenntnis nicht darauf beschränkt ist, sich nur auf die Wahrnehmung der Sinne zu stützen. Wir haben andere Arten der Erfahrung kennengelernt wie Déja-vus, Phantom-Empfindungen und vor allem außerkörperliche Erlebnisse bei Nahtoderfahrungen. Solche Phänomene setzen Ursachen einer anderen Dimension voraus und sind nur möglich, wenn Menschen ohne Einsatz ihrer Sinne und zum Teil ohne Tätigkeit des Gehirns erkennen können. Vielleicht lag es an dem mangelnden Wissen über solche Phänomene, daß Schopenhauer in seiner Zeit die Möglichkeit von Bewußtsein ohne Gehirn ausschloß: *„Die nächste, allen jenen Philosophen sehr unbequeme Folge ihres gemeinschaftlichen Grundirrthums ist diese: da im Tode das erkennende Bewußtseyn augenfällig untergeht; so müssen sie entweder den Tod als Vernichtung des Menschen gelten lassen, wogegen unser Inneres sich auflehnt; oder sie müssen zu der Annahme einer Fortdauer des erkennenden Bewußtseyns greifen, zu welcher ein starker Glaube gehört, da Jedem seine eigene Erfahrung die durchgängige und gänzliche Abhängigkeit des erkennenden Bewußtseyns vom Gehirn sattsam bewiesen hat, und man eben so leicht eine Verdauung ohne Magen glauben kann, wie ein erkennendes Bewußtseyn ohne Gehirn.“* (Arthur Schopenhauer) Spätestens seit der Studie von Van Lommel und anderen Untersuchungen von Nahtoderfahrungen ist diese Auffassung widerlegt. Auch wenn nur eine Minderheit von Patienten solche Erfahrungen machte, die grundlegende Möglichkeit, ohne Sinne und Gehirn zu erkennen, ist dadurch belegt. Also auch als Subjekt, als Erkennendes, wird der Geist, als Potential für Bewußtsein, durch den Tod nicht zerstört, wenn er anders als auf den gewohnten Wegen erkennen kann.

Lediglich als erkennbare Erscheinung, als Objekt also, wird der Geist beim Tod vernichtet. Schließlich ist er erst durch die Geburt als solches hervorgebracht worden. Wenn ich meine Gitarre zerhacke, kann ich mit diesem Instrument keine Musik mehr machen. Die erste Aussage beinhaltet die zweite. Doch niemand würde beim Anblick der Gitarrentrümmer behaupten, die Musik sei mit der Gitarre vernichtet worden, wie auch wohl niemand glaubt, Musik werde erst durch den Bau einer Gitarre erschaffen. Nach dem Tod des Leibes kann der Geist nicht mehr durch ihn reden, schreiben, zeichnen oder komponieren; keineswegs beinhaltet diese Aussage aber die Schlußfolgerung, daß der Geist vernichtet worden sei.

Schopenhauer wußte, daß seine Philosophie nicht befriedigt, solange Menschen an ihrer Individualität hängen: *„Die Leute wollen sich nicht zufrieden geben, wenn man ihnen keine Fortdauer ihrer Individualität nach dem Tod verheißen kann.“* (Arthur Schopenhauer) Strittig ist dabei gar nicht, ob etwas fortdauert, da jedes Ding immer auch ein Ding an sich selbst außerhalb von Raum und Zeit ist. Die Frage ist, was die Individualität ausmacht, eine wirklich unterscheidbare und unteilbare Einzigartigkeit, die nicht nur individuell erscheint, sondern in dem innersten Wesen einer Erscheinung gegründet ist. Schon die Form, wenn auch als Erscheinung vergänglich, hat Individualität. Wenn wir die ohnehin wechselnde Materie abziehen, bleibt nur die Form übrig. Die Form ist, im Sinne Platons, eine ewige Idee, die wie die Materie beharrt, nur auf andere Weise, wodurch sie flüchtig erscheint. *„Zur Form gehört auch jede Individualität: also muß auch ihr eine Art von Unzerstörbarkeit zukommen.“* (Arthur Schopenhauer) Mehr noch als die Form, die Konfiguration oder der Bauplan, macht der Charakter die Individualität aus. Der Charakter ist das individuelle, unzerstörbare innerste Wesen jeder Erscheinung, sozusagen die Form des Geistes. Trotz seiner Absage an die Individualität von Erscheinungen erkannte auch Schopenhauer, daß der innerste Kern jedes Lebewesens durchaus einzigartig sein muß. *„Der tiefe Schmerz, beim Tode jedes befreundeten Wesens, entsteht aus dem Gefühle, daß in jedem Individuo etwas Unaussprechliches, ihm allein Eigenes und daher durchaus Unwiederbringliches liegt.“* (Arthur Schopenhauer)

Wir haben gerade bemerkt, daß der Geist in seinen Äußerungen, als Objekt für Andere, mit dem Tod des Leibes, seinem Instrument, notwendig untergehen muß, als Erscheinung nämlich. Ein individueller Geist, der vor der Geburt und nach dem Tod existiert, im Grunde außerhalb von Raum und Zeit, ist zunächst nur für sich. Um mit einem anderen Geist zu kommunizieren, in welcher Weise auch immer, müßte er, wie auch sein Pendant, erkennen und erkannt werden können, also Subjekt und Objekt sein. Ob und wie außerkörperliche Kommunikation möglich ist, darüber läßt sich allerdings wirklich nur noch spekulieren, ohne daß diese Spekulation auf Erfahrung gegründet sein könnte. Schopenhauer versuchte dies in seinen Überlegungen, wie sich das Geistersehen erklären lasse. Seine Hypothese war, daß der Wille vielleicht direkt auf das Gangliensystem statt auf die Sinne einwirke, wenn er selbst sich nicht als Objekt in einer Erscheinung darstellt oder wenn die Sinne des wahrnehmenden Subjekts nicht tätig sind. *„Ani-*

malischer Magnetismus, sympathetische Kuren, Magie, zweites Gesicht, Wahrträumen, Geistersehn und Visionen aller Art sind verwandte Erscheinungen, Zweige Eines Stammes, und geben sichere, unabweisbare Anzeige von einem Nexus der Wesen, der auf einer ganz andern Ordnung der Dinge beruht, als die Natur ist, als welche zu ihrer Basis die Gesetze des Raumes, der Zeit und der Kausalität hat; während jene andere Ordnung eine tiefer liegende, ursprünglichere und unmittelbarere Ordnung ist, daher vor ihr die ersten und allgemeinsten, weil rein formalen, Gesetze der Natur ungültig sind, demnach Zeit und Raum die Individuen nicht mehr trennen" (Arthur Schopenhauer).

Schopenhauers Vermutung dahinter war, daß der Wille eines Menschen, der als das Ding an sich durch Raum und Zeit nicht beschränkt ist, direkt auf das Innere des Organismus eines Anderen wirken könne. Dort werde dann im Gehirn durch den Verstand eine Anschauung erzeugt, gleich wie wenn sie durch Eindrücke auf die Sinne geschaffen worden sei. *„Hieraus erklärt sich, so weit, wenn wir dieses Gebiet betreten, noch unsere Einsicht reichen kann, die Möglichkeit unmittelbarer Einwirkung der Individuen auf einander, unabhängig von ihrer Nähe oder Ferne im Raum (...) Indem der Wille des Einen, durch keine Schranken der Individuation gehemmt, also unmittelbar und in distans, auf den Willen des Andern wirkt, hat er eben damit auf den Organismus desselben, als welcher nur dessen räumlich angeschauter Wille selbst ist, eingewirkt.*" (Arthur Schopenhauer) Diese, bereits weit ausholende, Spekulation betraf allerdings das Wirken eines immer noch physischen, wenn auch nicht gegenwärtigen Objekts auf ein ebenso physisches Subjekt. Deutlich dünner wird das Eis, wenn wir spekulieren wollten, ob und wie ein körperloser Geist, außerhalb von Raum und Zeit, mit einem anderen, noch dazu ebenso körperlosen Geist kommunizieren könnte. Darüber können wir mit unserem beschränkten Erkenntnisapparat nichts wissen. Wir können aber auch nicht wissen, daß so etwas unmöglich ist.

*

Habe ich die Angst vor dem Tod überwunden? Keineswegs, denn das wäre vermessen. Ich lebe mit der Angst, meist besser, manchmal schlechter. Aber immerhin lebe ich, dank der Philosophie, und solange ich lebe, glimmt der Wille zum Leben in mir. Die Angst vor dem Tod hat mich zur Philosophie geführt, und die Philosophie hat diese

Angst besänftigt und deutlich vermindert. Ich zittere mich nicht mehr durch die Existenz meiner Erscheinung. Und wenn doch, dann zittere ich nicht mehr vor dem Tod, sondern vor den so zahlreichen Leiden des Lebens, von denen mich erst der Tod befreien wird. Sollte dieses Büchlein nur ein Gran dazu beigetragen haben, auch Ihre Angst zu vermindern, dann war meine Arbeit nicht vergeblich.

Literatur

Denkanstöße. Lebensweisheiten, hg. v. Daniel Keel u. Daniel Kampa, Zürich 2006

Die vier edlen Wahrheiten. Texte des ursprünglichen Buddhismus, hg. v. Klaus Mylius, 2. Aufl., Leipzig 1985

Friedrich Engels / Karl Marx: Die heilige Familie, Berlin 1973

(Anne Frank:) Das Tagebuch der Anne Frank, 36. Aufl., Frankfurt am Main 1972

Viktor E. Frankl: Der Mensch vor der Frage nach dem Sinn, 4. Aufl., München 1985

Julius Frauenstädt: Der Materialismus. Seine Wahrheit und sein Irrthum, Leipzig 1856

Sigmund Freud: Zur Psychopathologie des Alltagslebens, Frankfurt am Main/Hamburg 1961

Sigmund Freud: Das Unbehagen in der Kultur Und andere kulturtheoretische Schriften, Frankfurt am Main 2004

Matthias Girke: Nah-Tod-Erlebnisse. Ihre Bedeutung für Medizin und Menschenbild, in: Nah-Tod-Erlebnisse. Blick in eine andere Wirklichkeit?, hg. v. gesundheit aktiv, 2. Aufl., Berlin 2012

(Johann Wolfgang von Goethe:) Johann Peter Eckermann – Gespräche mit Goethe in den letzten Jahren seines Lebens, hg. v. Gustav Moldenhauer, Leipzig (o. J.)

Johann Wolfgang von Goethe: Gesammelte Werke in vier Bänden, Gütersloh o. J.

Heinrich Heine: Sämtliche Werke. Band IV, München 1964

Immanuel Kant. Werke in zehn Bänden, hg. v. Wilhelm Weischedel, Darmstadt 1968–1971

François de La Rochefoucauld: Reflexionen oder Sentenzen und moralische Maximen, Frankfurt am Main 1976

Georg Christoph Lichtenberg: Sudelbücher, Wiesbaden 2006

Johann Nepomuk Maier: Illusion Tod. Jenseits des Greifbaren II, Schönberg 2017

Michel de Montaigne: Essais, Frankfurt am Main 2010

Petra Neumayer / Roswitha Stark: Medizin zum Aufmalen 2, Murnau 2017

Friedrich Nietzsche: Menschliches, Allzumenschliches, 2 Bände, 9. Aufl., Stuttgart 1993

Friedrich Nietzsche: Also sprach Zarathustra, Stuttgart 1994

Roger Penrose: Computerdenken, Heidelberg 1991

Pfad zur Erleuchtung. Ein buddhistisches Lesebuch, hg. v. Helmuth von Glasenapp, München o. J.

Jean Piaget: Die Bildung des Zeitbegriffs beim Kinde, Frankfurt am Main 1974

Platon: Sämtliche Werke, Band 1–6, Hamburg 1957–1959

Oliver Sacks: Der einarmige Pianist, 5. Aufl., Reinbek 2008

Friedrich Schiller: Die Räuber, Stuttgart 1976

Axel Schlote: Die beiden Grundprobleme der Philosophie: die Welt verstehen und ertragen. Zwei Bücher für wenige und alle, die es wissen wollen, Würzburg 2021

(Arthur Schopenhauer:) Aus Arthur Schopenhauer's handschriftlichem Nachlaß, hg. v. Julius Frauenstädt, Leipzig 1864

Arthur Schopenhauer: Sämmtliche Werke (6 Bände), hg. v. Julius Frauenstädt, Leipzig 1873–1874

Arthur Schopenhauer: Cogitata, hg. v. Ernst Ziegler, Würzburg 2017

Arthur Schopenhauer: Cholerabuch, hg. v. Ernst Ziegler, Würzburg 2017

Hans Wolfgang Schumann: Buddhismus. Stifter, Schulen und Systeme, München 1993

Hans Wolfgang Schumann: Der historische Buddha, 4. Aufl., München 1995

Sechzig Upanishad's des Veda, übers. v. Paul Deussen, 3. Aufl., Leipzig 1938

Seneca: Philosophische Schriften, übers. v. Otto Apelt, Band I–IV, Hamburg 1993

Seneca: Naturales quaestiones (Naturwissenschaftliche Untersuchungen), Stuttgart 1998

Ian Stevenson: Reinkarnationsbeweise, Grafing 1999

Über Arthur Schopenhauer, hg. v. Gerd Haffmans, Zürich 1977

Pim van Lommel: Endloses Bewusstsein. Neue medizinische Fakten zur Nahtoderfahrung, 2. Aufl., Düsseldorf 2009

Georg Weigelt: Zur Geschichte der neueren Philosophie, Hamburg 1855

Weisheit des alten Indien, Band 1 u. 2, hg. v. Johannes Mehlig, Leipzig/Weimar 1987

Danah Zohar: The Quantum Self, London 1990

Danah Zohar / Ian Marshall: SQ – Spirituelle Intelligenz, Bern/München/Wien 2000

Weitere Bücher von Axel Schlote

Der jüngste Anhänger Schopenhauers, sein Vater und sein bester Freund.
Über Harald Schütz, Carl Schütz und Ernst Abbe
Berlin: Parodos Verlag 2022
ISBN: 978-3-96824-016-9 – 17,90 €

Bislang unentdeckt als Anhänger Schopenhauers ist der Frankfurter Mathematiker Harald Schütz, der schon mit 16 Jahren als Schüler in Bielefeld Schopenhauers Philosophie entdeckte. Als Name bekannt, da er mit Schopenhauer korrespondierte, ist Haralds Vater Carl Schütz, doch die Bedeutung des Bielefelder Sanskritforschers wurde nie angemessen gewürdigt. Bekannt ist das Lebenswerk des Optikers Ernst Abbe aus Jena, jedoch nicht sein Verhältnis zu Schopenhauers Philosophie. Er war als Freund von Harald Schütz v. a. mit Schopenhauers Ethik vertraut, was zur Gründung der Carl-Zeiss-Stiftung beigetragen haben dürfte.

Die beiden Grundprobleme der Philosophie: die Welt verstehen und ertragen.
Zwei Bücher für wenige und alle, die es wissen wollen
Würzburg: Königshausen & Neumann 2021
ISBN: 978-3-8260-7302-1 – 39,80 €

Dieses grundlegende Werk baut vor allem auf Schopenhauers Philosophie auf. Axel Schlote bietet Ergänzungen, Einwände und Erklärungen zu Phänomenen, deren Ausmaße vor 100 oder 200 Jahren unvorstellbar waren. Neben kurzen Zusätzen zu Metaphysik und Erkenntnistheorie liefert diese Arbeit u. a. eine fundierte Charakterlehre, Aufklärungen über das Wesen der Freiheit und des Wohlstands, eine erweiterte Kritik der symbolischen Vernunft und begründete Spekulationen über die Unvergänglichkeit des Geistes. Dabei muß ernsthafte Philosophie nicht staubtrocken sein: Die Darstellung ist pointiert, geschliffen und auch für interessierte Laien verständlich.

»Klassische Texte« im Parodos Verlag

Ulf Heuner (Hg.)

Klassische Texte zum Raum

5., überarbeitete und erweiterte Auflage 2023

ISBN: 978-3-96824-019-0 – 12,90 €

»Unendlichkeit des Raumes« ... – ein schattenhaftes und schwankendes Gebiet, das je nach den ungewissen Energien der Einbildungskraft anschwillt oder einschrumpft. *Edgar Allan Poe*

Der Raum konfrontiert uns mit philosophischen Fragen, etwa: Muss der (Welt-)Raum nicht einmal an ein Ende kommen? Dieser Band enthält Texte zur Theorie des Raumes von Platon, Aristoteles, Euklid, Descartes, Pascal, Leibniz, Newton, Kant, Poe, Mach, Scheler und Poincaré..

Ludwig Schlegel (Hg.)

Klassische Texte zur Zeit

1. Auflage 2023

ISBN: 978-3-96824-020-6 – 12,90 €

Was ist Zeit? Ist sie absolut oder subjektiv? Hat sich unser Verständnis von ihr über die Jahrtausende verändert? Dieser Band enthält Texte zur Theorie des Zeit von der Antike bis zum 20. Jahrhunderts, u.a von Anaximander, Parmenides, Platon, Aristoteles Plotin, Augustinus, Newton, Leibniz, Kant, Marx Schopenhauer, Schelling, Kierkegaard, Simmel Minkowski, Husserl, Bergson, Hartmann und Elias

Weitere Titel im Parodos Verlag

Tobias Prüwer
Kritik der Mitte
Der Nabel der Welt
Berlin 2022
ISBN: 978-3-96824-008-4 – 15 €

Im Gegensatz zur belächelten Peripherie gilt Mitte als Zentrum, als Gutes an sich und neutrale Balance zwischen Extremen: Seien es Laster, Klimabedingungen oder politische Ansichten. Dieser kulturellen und politischen Prägung durch das Mitte-Motiv spürt das Buch nach: von den Diskussionen um die mittlere Lage Deutschlands in Europa, die geographische Mitte Deutschlands oder den Begriff Mitteldeutschland über die unhaltbare Extremismus-Theorie und die Mobilisierung angeblicher Mittelschichten.

Claudio García und Stefanie Tappe
Glanz
Ein wandelhaftes Phänomen und seine Darstellung
Berlin 2022
ISBN: 978-3-96824-011-4 – 14,90 €

Das erste Werk, das sich interdisziplinär und unmittelbar mit dem Thema Glanz beschäftigt. »Glanz ist gespiegelt reflektiertes Licht; diffus reflektiertes Licht ist Farbe. „Ein Körper hat Farbe; nicht ohne Licht: Was ist nun diese Eigenschaft im Dunkeln?“, fragte sich J. F. Herbart und gleiches ist zum Verhältnis Glanz/Licht zu fragen. Raue Flächen reflektieren matt, glatte oder polierte Flächen glänzend. Die Mineralogen messen den Glanz, indem sie die Lichtmenge der Beleuchtungsquelle gegen die reflektierte Menge dividieren.«